子思（约公元前483—公元前402），春秋战国时期著名的思想家

北宋徽宗年间，被追封为"沂水侯"

南宋咸淳三年（1267），被封为"沂国公"

元朝文宗至顺元年（1330），又被追封为"述圣公"

——后人由此而尊子思为"述圣"

子思

上承孔子高足曾参

下启孟子心性之论

在儒学史上占有重要地位

——后人把子思、孟子并称为"思孟学派"

中庸，

不是折中调和、没有原则

中是恰到好处，庸是日用常行

实质上是指在日常生活中寻找到最恰当的道路或活法

——这就是难以把握的"中庸之道"

名典名选丛书

大家读《中庸》

方朝晖 闫林伟 著

北京出版集团
文津出版社

图书在版编目（CIP）数据

大家读《中庸》 / 方朝晖，闫林伟著 . -- 北京：文津出版社，2024.9. --（名典名选丛书）. -- ISBN 978-7-80554-920-0

Ⅰ. B222.15

中国国家版本馆CIP数据核字第2024L5C044号

总 策 划：高立志
责任编辑：侯天保
责任印制：燕雨萌
责任营销：猫　娘
封面设计：田　晗
正文制作：品欣工作室

名典名选丛书
大家读《中庸》
DAJIA DU《ZHONGYONG》
方朝晖　闫林伟　著

出　　　版　北京出版集团
　　　　　　文 津 出 版 社
地　　　址　北京北三环中路6号
邮　　　编　100120
网　　　址　www.bph.com.cn
总 发 行　北京伦洋图书出版有限公司
印　　　刷　北京华联印刷有限公司
开　　　本　880 毫米 ×1230 毫米　1/32
插　　　图　28
印　　　张　10
字　　　数　210 千字
版　　　次　2024 年 9 月第 1 版
印　　　次　2024 年 9 月第 1 次印刷
书　　　号　ISBN 978-7-80554-920-0
定　　　价　69.00 元

如有印装质量问题，由本社负责调换
质量监督电话　010-58572393

〔元〕佚名绘子思像（名孔伋，孔子嫡孙）

《子思子作中庸处》碑

立于清道光十二年（1832），由孔子73代孙、袭封衍圣公孔庆镕立石

议然初学之士或有取焉则亦庶乎
行远升高之一助云尔淳熙己酉春
三月戊申新安朱熹序

中庸
中者不偏不倚无过
不及之名庸平常也
朱熹章句
子程子曰不偏之谓中不易
之谓庸中者天下之正道庸
者天下之定理此篇乃孔门
传授心法子思恐其久而差
也故笔之于书以授孟子其
书始言一理中散为万事末

天命之谓性率性之谓道修道之谓
教
命犹令也性即理也天以阴阳五行化生万
物气以成形而理亦赋焉犹命令也于是人

卷之则退藏于密其味无穷
皆实学也善读者玩索而有
得焉则终身用之有不能尽
者矣
复合为一理放之则弥六合

道也者不可须臾离也可离非道也
是故君子戒慎乎其所不睹恐惧乎

〔宋〕朱熹撰《中庸章句》，见《四书章句集注》
明正统时期（司礼监）经厂刊本

右第三章

右第十三章　道不遠人

右第十二章　子思之言

右第十一章

右第十八章

右第十九章

右第二十二章　言天道

右第二十三章　言人道

右第二十四章

右第二十五章　言人道

右第二十章

右第二十六章

右第三十一章

右第三十二章

〔明〕姜立纲书《中庸章句》

〔清〕乾隆《述圣子思子赞》碑

　　碑刻高1.47米，宽0.63米，厚0.20米。碑文楷书，共7行，每行14字。碑刻左右及下边有浮雕龙纹，额有双龙戏珠浮雕。这是1748年乾隆皇帝去曲阜祭祀孔子时所题写，为四言律诗，高度评价了子思"师曾传孟"的历史功绩

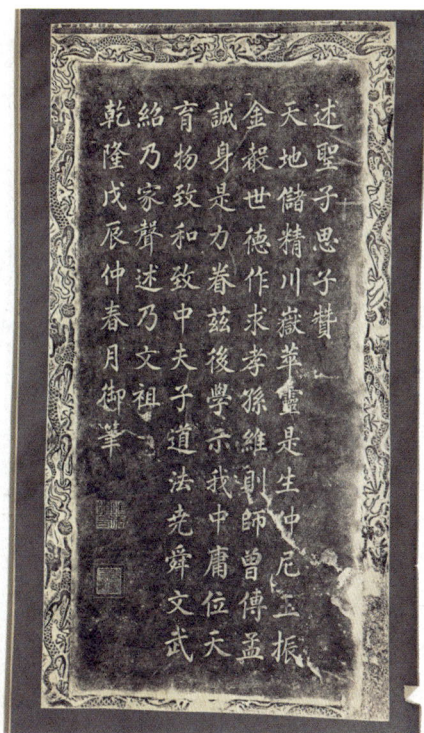

〔清〕乾隆《述圣子思子赞》拓片

天地储精，川岳萃灵。是生仲尼，玉振金声。士德作求，孝孙为则。师曾传孟，诚身是力。眷兹后学，示我中庸。位天育物，致和致中。夫子道法，尧舜文武。绍乃家声，述乃文祖

乾隆戊辰仲春月御笔

中庸為道本

忠厚是惠基

康有為

〔清〕康有为行书五言联

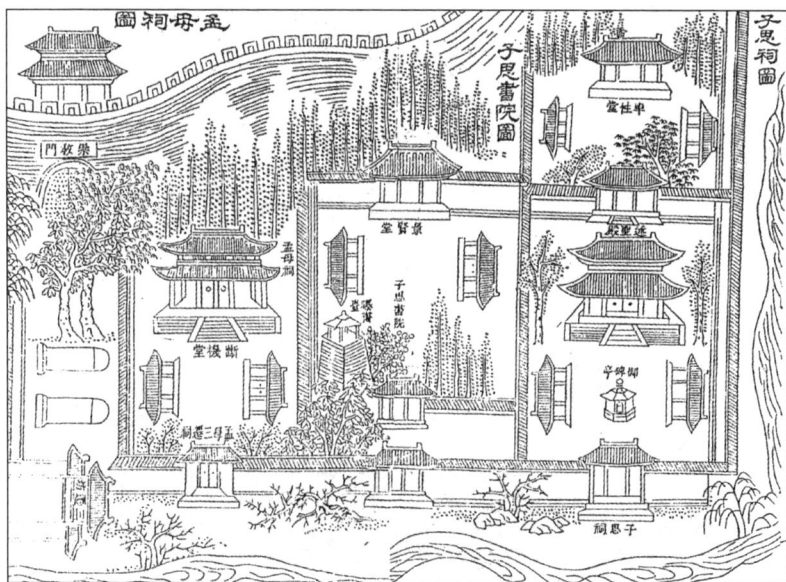

〔清〕《重纂三迁志》载子思祠、子思书院、孟母祠示意图

子思祠遗址和修复后的子思祠

子思书院遗址和修复后的子思书院

〔意大利〕罗明坚（Michele Ruggieri，1543—1607）的签名（左）及其翻译的
《中庸》拉丁文译本首页（右），这是中国儒家经典西传的开端

目　录

怎样读《中庸》?

《中庸》是一部什么书？

我们今天所看到的《中庸》一书，原是《礼记》中的一篇文章。《礼记》在汉代以来一直是儒家核心经典之一，是西汉初期由戴圣所汇集的49篇文章构成。我们今天所了解的《大学》《中庸》《礼运》《儒行》等文章，都是其中的单篇。这49篇文章大多流传于战国时期，为孔子死后其弟子群体及其后学（旧称"七十子后学"）所作；但其中也有极个别文章，可能作于西汉初期。

《中庸》一书篇幅并不长，若不计标点的话，只有3565字（包括标题）。由于此书开头部分（482字篇幅内）讨论了"中和""中庸"问题，加上书名"中庸"二字，过去学者们多以为此书主要是讨论中庸的。但仔细阅读可能发现未必如此。正如接下来要讲的，对"中庸"的讨论在此书中所占篇幅较少，尽管确实是此书的一个重要范畴，但不构成此书宗旨。那么，《中庸》一书的宗旨究竟是什么呢？我们今天读此书有什么意义吗？现代意义的问题，我会在后面有专门讨论。这里只简单说明一点：《中庸》一书的宗旨是讲至德，也可以说是"圣人至德"。说得更清楚点，此书讲圣人的完美德性及其具有的无与伦比的神奇效力。所谓圣人，书中提到的包括舜、文王、武王、周公和孔子，而以孔子为最高典范。东汉经学大师郑玄提到，此书的目的之一在于"昭明圣祖（孔子）之德"，今天看来是非常有道理的。

为什么要讲至德？有什么意义吗？我们知道，德的兴起可以说是西周以来主流文化价值的一个标志。学界一般认为，商人敬鬼事神，周人重德敬天。从重鬼神到重德性，也可以说是商周之变的一个特点。周人相信，周朝代替商朝是天命转移的结果，而天命之所以转移，又是由于周人更重德性。我们不要简单地以为这是信仰的变化，因为从重视鬼神到重视德性，可以看成是从迷信走向理性，当然是一大进步，还预示着中国古代政治文明的成熟。之所以这样讲，是因为古人相信，统治者只有让下属和人民心悦诚服，才能拥有强大的政权合法性。孟子曾说：

> 以力服人者，非心服也，力不赡也；以德服人者，中心悦而诚服也，如七十子之服孔子也。《诗》云："自西自东，自南自北，无思不服。"此之谓也。(《孟子·公孙丑上》)

孟子把"以力服人"与"以德服人"做了鲜明的对比，甚至使用了"得道者多助，失道者寡助"(《孟子·公孙丑下》）这样的语言来形容领导有德与无德的差别。虽然孟子是战国时人，学界一般认为其学直接继承自《中庸》的作者子思，是子思的后学，但孟子思想的源头则是周初以来就有的德性思想，这一点我们从西周出土的大量青铜器铭文以及《尚书》中的周初文献得到印证。这一思想的重大意义在于：强调政治文明的基础不应当建立在强制服从之上；衡量一种统治是进步还是落后，是文明还是野蛮，其标准就在于：它在多大程度上不诉诸武力和强制，又在多大程度上诉诸人心和德性。同时它还不断提醒统治者：不要总要求别人服从，多想想自己的德性配不配；不要总担心别人反对，要警惕自己的德性出问题；如果人民不服从的话，那问题绝不是出在人民身上，而往往出在统治者自己身上，统治者要从自己身上找问题。可以说，西周以后历代统治者都重视这种以德服人的思想。

相比之下，《中庸》一书在论德方面有两个特点：一是从慎独的角度论述如何修德，这实际上是修德的方法，涉及中和和致诚问题；二是论述圣德/至德所具有的神奇效力。第一个特点我们接下来讨论慎独方法时再讲，这里讲讲第二个特点。所谓圣德/至德的效力，当然主要是统治方面的效力，大体上认为：如果统治者/领导具有极高的德性，那么人民会自愿服从；

君子的德性导致他"动而世为天下道，行而世为天下法，言而世为天下则。远之则有望，近之则不厌""不动而敬，不言而信"，在天下治理方面会形成"不赏而民劝，不怒而民威于铁钺""君子笃恭而天下平"的神奇效果。与此相对照的是认为，那些诉诸说教、惩罚或武力的统治，必定得不到人民的衷心拥护，也不会有真正的秩序和安宁。关于"德"，我们在下面讲此书重要概念那一节进一步论述。

作者·来源·争议

　　《中庸》的作者，汉代以来相传为孔子的孙子子思，此说最早见于司马迁的《史记》。至于孔子之孙子思，我们所知的关于他的信息非常有限。根据《史记·孔子世家》，孔子的儿子伯鱼50岁时先于孔子去世，伯鱼生子思，名伋（子思是字）。子思62岁那年在宋国受困，于是写作了《中庸》一书。根据今人钱穆（1895—1990）考证，子思生卒年大约为公元前483—前402年。如此，则孔子去世时（公元前479），子思只有4岁左右。子思与他爷爷孔子年龄相差太大，不可能生前跟随孔子学习儒学。那么子思的学问从哪里来的呢？一般认为传自孔子弟子曾子（曾参，字子舆）。不过，此说也有争议，章太炎、钱穆先生均考证认为，子思不曾师于曾子。尽管如此，我认为子思的学问确实与曾子有很大关系，因为今日所见、相传曾子所作的《大学》，思想内容确与《中庸》一脉相承。子思的学问传到了孟子，被孟子发扬光大，这样曾子、子思、孟子构成一个学派，被称为"思孟学派"。

　　子思虽未亲受孔子学儒，但天资聪颖，学问极好，弟子颇多，据传生前为鲁穆公之师。《汉书·艺文志》载有《子思子》23篇，应该是子思或其门弟子所作，

曾参立像

一直到唐朝仍有部分传世。可惜唐代以后此书就失传了，只有部分文章如《中庸》《表记》《坊记》《缁衣》等，通过《礼记》保存到今天。1973年马王堆出土的帛书及1993年湖北荆门出土的郭店楚墓竹简中，均有《五行》一篇，一般认为是子思所作。子思可能著述颇丰，只可惜传下来的太少了，《中庸》应该是子思著作中影响最大的一篇。

然而，《中庸》这本书的作者和来源也不是没有争议的。虽然汉代以来长期占主导地位的观点是"子思作《中庸》"，但自宋代以来，也一直存在对此书性质的不同说法，主要有如下几处疑点。

第一，《中庸》第26章（本书以下所用章数皆据朱熹《中庸章句》分章）有"载华岳而不重"一句，其中"华岳"据清人说法当在长安附近，即汉代京城一带；而《中庸》作者为鲁国人，战国时齐鲁之士论山当以泰山为重，不当以华岳为论。所以认为此书可能是汉代所作。对此，今人认为，不排除个别句子有后人杂入。这是因为古籍在传抄过程中，有时会有传抄人的不断添加，有时甚至可能是前人的边注被后世混入正文中。类似这样的杂入成分，据徐复观说法，在《中庸》中还应包括第16—19章、第28章等，这主要是从内容特点及文体上说的，其说尚可商榷。日本学者如伊藤仁斋、武内义雄等，亦讨论到杂入问题。总之，不能仅仅根据个别表述或句子问题，而轻易怀疑此书的成书年代及作者。

第二，《中庸》第28章"车同轨，书同文"表述。宋代以来，不少人以为，子思生活的战国时期天下大乱，各自为政，哪来"车同轨，书同文"？因此宋代以来，一直有人据此怀疑《中庸》是秦汉大一统以后的作品。事实上，朱熹已经指出，周时已实行"车同轨，书同文"，只是标准与秦时不同耳。我以为子思既为儒家，应赞同周制，至少他心目中的理想是周代以来的"车同轨，书同文"。既然当时周制尚有迹可循，子思作《中庸》时如此说亦可理解。其他表述问题还包括《中庸》称孔子之字"仲尼"，涉及孙称祖字问题。对此朱熹曾举例指出，"古人未尝讳其字"，其说有合理性。今人亦举出《论语》中弟子称孔子直呼"仲尼""孔丘"之例，说明战国时称人未必有如后世那么严格。

第三，风格及内容问题。自宋代欧阳修以来，不少人认为《中庸》的语言风格不似《论语》《大学》平实，言之过高、过激。我以为此说不可太当真，战国诸子语言风格本来就各不相同，《孟子》《庄子》文风即与《论语》大不相同，个性化明显。《中庸》中的语言确实有鲜明的情感色彩和个性特征，且与公认为同属子思所作的其他作品如《缁衣》《坊记》《表记》及简帛

《五行》篇风格不同，但考虑到此书是子思"昭明圣祖之德"（郑玄语）而作，且作书时困于宋，其语言充满情感色彩，或言之过高，未必没有可能。当然还有人从内容上怀疑《中庸》内容有佛老特色，不似儒家经典，清人姚际恒和近人钱穆均有此论。这主要是因为《中庸》首章讲"喜怒哀乐之未发谓之中"。我们对此说并不接受。且不说子思时代并无佛教传入中国，首章上句所讲亦非道家所谓"寂静空虚"，而是讲慎独问题（见下）。把《中庸》"未发之中"解读为寂静本体，乃是宋代佛老影响下的产物，与《中庸》本义无关。因此，徐复观、黄彰健等曾举大量例证，力辨《中庸》与《论语》《孟子》思想相通之处。

第四，文体问题。今本《中庸》在文体上的一个重要特点是第2—20章皆以"子曰"开头或为重心（第2章以"仲尼曰"开头，稍有不同），而第1章及第21章以后主要是论述体，只有第28章以两个"子曰"开头。这样全书就有两种不同的文体。对于这一现象，学者们普遍认为，极有可能今本《中庸》是几个不同文本拼合而成。具体来说，可能有三个来源。

来源一：《史记·孔子世家》《孔丛子·居卫》提到的子思所作的原始《中庸》，内容包括今本《中庸》之第2到第20章"道前定则不穷"为止，文体以引"子曰"为主，风格上接近公认的其他子思作品如《缁衣》《表记》《坊记》，亦有人认为相当于《汉书·艺文志·儒家类》中的《子思子》23篇中之首章；

来源二：子思后学或其他人对《中庸》的引申发挥，即今本《中庸》中第1章、第20章（从第二个"在下位，不获乎上"起）至末尾的部分，内容或曰相当于《汉书·艺文志·礼类》中的《中庸说》二篇，或曰相当于《汉书·艺文志·儒家类》中《子思子》23篇中的部分内容，俱不可知；

来源三：来源于秦汉儒生杂入，典型的有第26章"天地之道，可一言而尽"以后（中有"华岳"句），第28章（插入两个"子曰"，与前后章文体不类，且有"车同轨，书同文"句），还有第16—19章（甚至包括第20章，亦有人认为第12—20章），多有怀疑其为后世杂入，或者至少有杂入成分。

对于上述一系列争议，本书基本立场是：

（一）从古文献流传的特点看，不排除今本《中庸》个别语句有后人或者秦汉以来儒生杂入的成分，但不能因个别语句，怀疑《中庸》为子思所作（最早说子思作《中庸》的人是司马迁）；

（二）我们不认为从内容和风格上对《中庸》作者的怀疑成立，前已说明；

（三）虽然对《中庸》文体前后不一的怀疑有一定道理，但本书作为《中庸》的通俗解读本，还是将此书当作一个完整整体来对待，并力图揭示其各部分在结构上的深刻关联。

关于上述（三），还要指出：事实上，《中庸》一书典型地以"子曰"或"仲尼曰"为重心只集中体现在第2—11章，第12章以后，即逐渐呈现越来越多的论述体文字。这不仅表现在第12—15章，尤其是第20章，历史上很多学者认为此章长达700多字的论述不可能都是孔子一人之语，其中绝大部分当为子思论述。因此，似不能仅从文体来判定《中庸》的结构。

另外，本书从结构上将《中庸》前后打通，亦可排除从文体前后不一对《中庸》作者的部分怀疑。即因为发现《中庸》一书第20章以后内容与前面不一致，也可能与他们预设了"中庸"是《中庸》一书之主题有关。我们接下来打破这一说法，从结构上认为《中庸》主题不是中庸，而是修身立德，这样可以更好地将全书当作一个整体。下面就谈结构问题。

篇章结构

　　阅读一本古书，首先要搞清它的整体结构，这是因为只有这样才能真正弄清其思想线索和重心宗旨。《中庸》一书篇幅虽短，但其结构其实是比较复杂的，不把结构弄清，几乎无法接近作者的真正用意。

　　《中庸》的结构问题，历史地来看有两方面，一是分篇，二是分章。分篇就是将全书分为几个大节，分章则是分段的意思。比如《论语》有20篇，如《学而》《为政》等等；《孟子》有7篇，如《梁惠王》《公孙丑》等等。每一篇又分为好多章，比如《论语·学而篇》在朱熹的集注中有16章，《孟子·梁惠王上》在朱熹的集注中有7章。结构是今人说法，古人称为"章句之学"，在儒家学说史上渊源有自，相传孔子弟子子夏即擅章句之学。因为古人将书籍抄写在竹简或布帛上，没有现代意义上的标点符号，分章分篇也不明确、统一，学习起来不太方便，所以才有章句之学。以今天的眼光看，只有通过章句即结构划分，才有可能对一部分的思想脉络及全书宗旨有清楚的认识，对《中庸》来说尤其如此。

　　首先，《中庸》的分章。前人在《中庸》分章上极不统一，最多分出84章（宋初晁说之《中庸传》），现代学者顾实分为16章。本书在分章上，基本上采纳朱熹的观点，分为33章。这一方面是因为朱熹的分章是在唐人孔颖达及宋代学者吕大临等人基础上进一步完善的，精心勘定，且有学理依据。朱子之后，虽还有不少新的分章方式，但都以朱子《中庸章句》为基础进行分章，多数未做大改。另一方面，是因为朱熹《四书章句集注》流行了800多年，是所有诸家中影响最广的。朱熹的分章虽然不是没有问题和争议，但为了不给读者造成过多的纷扰，我们还是整体上保持不变。

不过，由于朱熹所分出的第20章（又称"哀公问政"章），问题较为突出，历来争议最多，我们进一步细分成3章。朱子《章句》第20章篇幅甚长，其中自第二个"在下位，不获乎上"以下，不再回答哀公问政，而转入"诚"的问题，这是历史上造成争议的主要原因之一，唐代孔颖达即从第二个"在下位，不获乎上"处分出另一卷来。因此，本书从第20章第二个"在下位，不获乎上"处分出两章，即将朱熹第20章总共分成3章。按理来说，应将它们分别称为第20、21、22章，但考虑到那样会造成本书后面的章数与朱子章数无法对应，读者不便查对，所以分别以20a、20b、20c标之。

其次，《中庸》的分篇，历史上有二分说、四分说、五分说、六分说等不同说法。《中庸》分成两部分，最早见于《汉志》载"《中庸说》二篇"。孔颖达《礼记正义》实分《中庸》为两卷，今人徐复观亦同其说。但我们接下来会发现，二分法过于笼统。朱熹《中庸章句》将《中庸》分为四部分：

第一部分为第1章至第11章，其中第1章为"子思述所传之意以立言"，"其下十章，盖子思引夫子之言，以终此章之义"。

第二部分自第12章至第20章（"哀公问政"章），其中第12章为"子思之言，盖以申明首章不可离之意也。其下八章，杂引孔子之言以明之"。具体地说，第12章讲"道，费而隐"，后分论之，至第20章则"包费隐、兼小大，以终十二章之意"。

第三部分自第21章至第32章，其中第21章"子思承上章夫子天道、人道之意而立言也。自此以下十二章，皆子思之言，以反复推明此章之意"，至第32章则"言圣人天道之极致，至此而无以加矣"。

第四部分为第33章，为"子思因前章极致之言，反求其本……盖举一篇之要而约言之，其反复丁宁示人之意，至深至切矣"。

朱熹的四分法，应该说非常有道理，后世多在此基础上有所调整，而有五分法、六分法等划分，但均是以其划分为基础进行的。本书也是在朱子四分法的基础上有所调整，将《中庸》分为四部分（四篇），主要调整有三：其一，第27章（"大哉圣人之道"章）以下，不再以诚为中心，饶双峰以为第27章以下"以为言大德、小德"，而李氏（思正）以为当以第27章"至德、至道分言之"。因此，我们主张从第27章以下，当分出另一部分。其二，从第20b章开始，我们分出第三部分，而朱熹《章句》第三部分是从第21章开始的。我们认为，既然从第20b章开始，就已与前章回答哀公问政内容有别，而转到诚的论述，理应从这里开始分出第三部分。其三，朱子将第33章单独划作一部分，一方面因为此章文体不同（大量引《诗》），另一方面因为此章内容有为全书作结的意思。我们认为，第33章确实有对全书作结的特点，但内容乃是与第26、27章以后讲圣德/至德思想一脉相承，所以将第27—33章划为同一部分。这样，我们将《中庸》结构划分如下：

第一部分：第1—11章。这一部分以第1章提纲挈领，以中庸或中和为核心，包含慎独这一重要线索。

第二部分：第12—20a章。这一部分由内转外，从内心功夫转到现实中修道，用朱子的话来说就是所谓讲"费而隐"的问题。从夫妇之道至天下国家治理，从卑近之事到高远之行，而以第20a章孔子回答哀公问政作结。

第三部分：第20b—26章。这一部分以"诚"为中心，按照朱熹的说法分别在讲"天之道"和"人之道"。"天之道"指圣人、率性而行、诚者，"人之道"指君子、修道而为、诚之者。致诚也就是慎独，这一部分可以说是在更高层次上对第1章慎独功夫的展开，是再次从外转向内。

第四部分：第27—33章，以圣德为重心。这一部分是对前面三部分内容的综合和总结，具体地说，是对内、外两重功夫的综合归纳和全面提升，以圣人至德为修身最高目标，并突出强调圣德/至德在天下治理方面的神奇功效。

重要误解

这样划分下来，即可发现,《中庸》一书的内在逻辑其实是清晰的，其根本宗旨是修身立德。具体来说，修身的主要功夫是慎独（第一部分），慎独的核心内容是致诚（第三部分），这都是内在功夫；但儒家主张内外不分，内圣功夫需要在现实生活实践中体现，所以需要讲如何在现实中实践，于是有第二部分从内转向外，即修道问题。而第四部分将内、外结合起来，以至德为归，因而显出全书的根本宗旨在于立德，并认为有了圣德/至德，一切前面关心的问题都迎刃而解。具体来说，可将《中庸》的结构更简单地概括如下：

第一部分：中庸（第1—11章），亦称为中和；
第二部分：修道（第12—20a章）；
第三部分：致诚（第20b—26章）；
第四部分：至德（第27—33章）。

这四部分中，第一、三部分呼应，皆讨论修身，属于内在修身；第二、四部分呼应，皆以立德为宗旨，属于外在修身。第一、二部分构成一个板块，第三、四部分为一个板块。从前一板块到后一板块，形成一种递进（故分二阶）。其间关系如下：

表1 《中庸》四部分关系

1阶	第一部分：中庸，或称中和，包括率性与慎独	第二部分：修道。从夫妇至圣王，以孔子答作结
2阶	第三部分：自诚明与自明诚	第四部分：至德。修身最高成就，以第31、32章为高潮

由此我们认为，《中庸》一书以修身为线索，以立德（圣德/至德）为旨归。第一、三部分讲内在修身，第二部分讲外在修身（"修道"），第四部分讲修身成效，或者修身的最高境界（以第31、32章为高潮）。

作者强调修身的根本目的是立德。通过修身，确立达德、至德、圣德，甚至天德（全书未出现"圣德"一词，但有"德为圣人"语，盛赞尧、舜、文、武、周公及孔子之德，据郑玄此书有"昭明圣祖之德"之意）；个人立身处世、人伦关系（如孝亲）及治国理政皆因德而有着落（第二部分所论）。总体上看，此书以至德/圣德为目标，而不是以中庸为目标。

德之所以重要，是因为作者认为：一切外在的事功成就，皆为圣德（或称至德）自然而有的功效，即所谓"不赏而民劝，不怒而民威于鈇钺"，"君子笃恭而天下平"。这正是第二、四部分的核心思想。因此，圣德/至德才是修身的最高境界，而仲尼为圣德之理想典范。这一点，我们在接下来重要概念中论德时进一步讲。

由上可知，《中庸》的主旨确实与《大学》一致，皆强调修身立德的社会效用，包括齐家、治国、平天下方面的效用。作者还认为，所谓圣人之德不是理想道德的刻意设计，更不是大公无私的高头讲章，它只不过是个人最大限度地率其自性（"尽其性"）的产物。人能尽己之性，自然可以尽物之性，进而赞天地之化育。所以尽其性当然是"诚者"之事，然"诚之者"亦可通过"致曲"逐渐达到。但相比来说，圣人可以率性、尽性，而君子则需要慎独、致诚。

综而言之，全书的内在线索或可表述为：

修身→立德→外王

现在我们面临两条理解《中庸》的思路：一是以第1章为全书总纲，后面各章均为中庸之展开；二是以第四部分为全书目标，前面各章均为后者之铺垫。见下图：

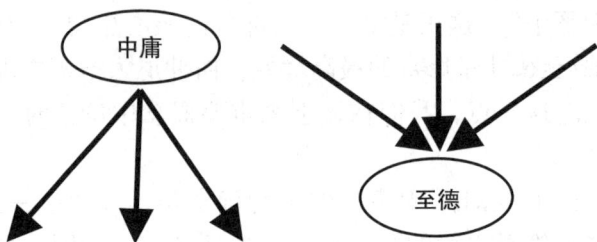

　　上图代表理解《中庸》一书的两条思路：一条以中庸为核心，贯穿全书，认为后面各部分皆为中庸之展开；另一条以修身立德为核心，贯穿全书，认为最后部分至德才是全书归宿，前面各部分皆为铺垫。如果我们换一个角度来看，以修身立德为核心来理解《中庸》的宗旨，是不是更顺畅呢？

　　我们知道，第1章论述性、道、教的用意是讲内在修身的方法。讨论戒慎恐惧及喜怒哀乐，涉及慎独方法；讨论中和及未发已发，涉及修身内涵。如果我们换个角度看，把首章慎独、中节以及第一部分的中庸作为通向最后一部分圣德/至德的途径，即修身方法，可不必将首章作为全书纲领，只是全书起点。将首章与后面第二、三、四部分结合起来，尤其容易理解首章并非所谓总论，并不统领全书，而只是为全书倡导的修道方法而设。全书真正的重心或不在于首章的中和，而是修道的问题，即后面讨论的君子之道、致诚之方及圣人之道。而全书真正的重心可能在最后部分，即圣德、至德问题。以第四部分为全书重心，可以发现四部分之间明显存在着递进的关系，最终落脚到至德如何确立的问题。也就是说，《中庸》一书的主旨并不是中庸，而是修身立德，同时也是为了"昭明圣祖之德"（孔子之德）。取名为《中庸》只因为开头讲了中庸，而从全书看，讲中庸只是为了说明如何修道（修身）而已。

当然，由于中庸——就其指中乎道而言——确实是本书倡导的积极价值之一，可以说第二、三、四部分所讲的圣人之道或君子之道都包含对中庸的进一步说明，但这不等于说中庸就是全书重心或宗旨。事实是，从第12章开始极少再讲中庸或中之道（见后），而后面各章贯穿的修道/修身线索，非常重视道和德，但却没有突出中，因此把《中庸》后面各部分理解为第1章或第一部分中庸思想之展开是有困难的。

硬将中庸理解为全书宗旨不得不面临一个问题：由于后面各章皆不讲中庸，甚至不讲中（只是附带地讲了几次，见下文分析），我们无法从后面文本（第12章以后）阅读中获得中或中庸含义的重要启示，无法从中认识中或中庸的特殊重要性。更重要的是，文本分明突出强调了圣德/至德，讲修身、诚明以立德，这一思路在以中庸为宗旨的后人解读中被淡化。反过来，如果我们将修身立德作为全书的核心思想，就容易将全书贯穿起来。在这种情况下，开头所讲的中、中庸成为后面确立圣德/至德的铺垫。而且更重要的是，这样一来，以往学者因此书结构不协调，进而生出此书各部分出于不同作者或不同时代的各种猜疑，似乎也不太必要。所谓结构不协调，是因为想用中庸来贯穿全书有困难，但以修身立德来贯穿全书却没有困难。

我觉得我们必须明确一点，如果中庸是指中乎道，那么真正重要的就是道而不是中。中就失去了作为一个独立范畴的意义，而仅仅是一个助动词（仅读去声）。所以，在《中庸》中，"道"比"中"应该更重要。

中庸是《中庸》的主旨吗？我们要注意，其一，古人著书多不以篇名反映主旨。例如：《礼记》之《檀弓》《郊特牲》《玉藻》《文王世子》《礼器》《明堂位》等篇主旨皆不能从篇名反映出来；《庄子》之《骈拇》《马蹄》《胠箧》等外杂篇各章皆以开头语句为篇名；《论语》《孟子》各篇皆以首章关键词为章名。其二，《中庸》从第12章开始，各部分都不再谈中庸。郑玄《目录》云："以其记中和之为用也。庸，用也。孔子之孙子思伋作之，以昭明圣祖之德也。"据此，《中庸》一书为阐述仲尼圣德而作。然而，郑玄同时又说《中庸》

之名是由于"记中和之为用",这可能是后来一切误解之根源。

"中庸"一词第12章以后仅出现1次(见下),且不代表所在章主旨。"中"字在第12章以后也只出现5次,每次都只是附带地出现,并未作为中心思想或关键词,其中一次为"中国"。今将第12章以后"中"之出现汇列如下:

> 诚者不勉而中,不思而得,从容中道,圣人也。(第20章。方按:"中"2见,皆作动词,指中乎道,以道而不是中为重心)
>
> 故君子尊德性而道问学,致广大而尽精微,极高明而道中庸。(第27章。方按:"中庸"与"高明"对发并举,可见不以中庸统领一切)
>
> 唯天下至圣,为能……齐庄中正,足以有敬也。(第31章。方按:中正之中当指恰好、不偏,即中乎道)
>
> 是以声名洋溢乎中国。(第31章。方按:"中"无特别意义)

总而言之,此书第二、三、四部分的宗旨似与中庸无直接关系。笔者曾在多年前将第12章以后各章理解为第1章中庸思想之展开或延伸,后发现不可通。

所以，以中庸为《中庸》宗旨的困难在于：自第12章以后皆不讲中庸；自第12章以后皆不以中庸为主旨；以中庸为全书宗旨，各部分内容无法贯通。

若按我们划分的四部分看，则四部分存在层次递进，以修身为枢纽、以至德为旨归，所谓结构问题亦可化解。

最后笔者还想补充一点，本书对《中庸》结构的重新划分，基于今本《中庸》一书有一完整、连贯结构这一预设，但我们并不想将这一预设绝对化。我们并不否认分析此书各章节可能成书于不同时代、有后人掺入的可能性这一研究的意义。

核心概念

《中庸》一书，今人常以为是一部哲理最深奥的书，在儒家典籍中亦在思想上极有代表性，这大概正是宋人朱熹在其《四书章句集注》中将此书殿尾的原因。我们认为，读懂《中庸》最关键的是要搞懂其若干核心概念，这些概念或在全书中有提纲挈领的作用，乃至在儒家传统中成为千年相贯的红线。只有将其最核心的概念搞清楚，才有可能深度切入此书的思想。下面我们列出九个对今人读《中庸》较为关键的重要概念，逐一讲解。

1.中庸

"中庸"为现代中国人日常用语，但是绝大多数人对这个词的含义理解大体上可能是指不走极端、折中调和，乃至不出头、跟风、随大流。中庸被理解为中道，中道又被理解为中间路线，进一步被理解为折中调和。他们把"庸"和平庸联系到一起，把"中"与枪打出头鸟联系到一起，因而中庸就与折中调和、走中间路线联系到一起。这样来理解，"中庸"作为一种价值观就与世故、滑头、不出风头、没有个性甚至没有原则等联系在一起了。其实，这完全是误解，《中庸》这本书从来没有宣传过这种价值观。

我们知道，"中庸"是孔子本人宣传的一种价值，在《论语》中已经出现。《中庸》一书中也多次引用孔子对中庸的高度赞赏。孔子怎么可能宣扬世故滑头、不出风头、没有个性的价值观呢？如果是那样的话，也就无法理解儒家怎么会在中国历史上长期占统治地位这个事实了。

让我们一起分析一下"中庸"这个词的含义。首先，"中"这个词，在现代汉语中，不仅有中间、里面的含义，还有另一个重要含义，即作动词、读去声，读作 zhòng，指正好、恰好、没有偏差。比如"正中下怀""击中要害""中规中矩"，还有"中招""中举""中奖""中枪""中弹"等词语，其中的"中"都不是指中间，而是有正好、恰好、无偏差的意思。这也正是古人对"中庸"之"中"的理解，即"不偏不倚"。这个"中"，绝不是保持中间状态、不走极端的意思。可见日常生活中人们对中庸的理解存在多大偏差。

其次，"庸"这个词，在现代汉语中常常和"平庸"联系在一起，但在古汉语中却往往不是这个意思。根据古人的注解，"庸"有三个意思：一曰功用，二曰平常，三曰恒常。所谓"功用"，是说"庸"与"用"同义通假，故含义相同。而"平常"与"恒常"含义是有重要区别的，"平常"有贴近日常的意思，而"恒常"则有准则、道理的意思。从《中庸》通常强调"道不远人""庸德之行""造端夫妇""行远自迩，登高自卑""自微之显""德𫐐如毛"，反对"素隐行怪""大声以色"等来看，"庸"似以第二义即"平常"解最佳。朱熹、徐复观、钱穆也都有这方面的看法。

因此，综合起来看，特别是结合全书的文本，我们认为"中庸"一词是指如何在日常生活中寻找最恰当的道路或活法。中庸思想反对故弄玄虚，过求高深，认为最深刻、最有价值的道理就在平常生活中。人们应当先从当下日常生活出发，比如从夫妇关系、父子关系、朋友关系出发学做人，把身边最切近的事做好了，把其中的道理想明白了，自然可以成为君子。书中讲"道不远人"，又说"君子之道，造端乎夫妇"，"庸德之行，庸言之谨，有所不足，不敢不勉"等，讲的就是这个意思。类似的思想也见于儒家经典。例如《周易·文言》在解释乾卦九二爻时，称"龙德而正中者也。庸言之信，庸行之谨，闲邪存其诚"。其中"庸言""庸行"与《中庸》"庸德""庸言"相应；"正中"之德又与中庸之中相应；"闲邪存其诚"，即《中庸》《大学》中的致诚，亦即慎独功夫。

当然，把中庸之中理解为不偏不倚，现代人自然要问的一个问题就是衡量不偏不倚的标准是什么？因为每个人做事的方式各不相同，理解也不一样。对于这个问题，我们综合《中庸》文本考察，可以发现"中庸"的"中"，实际上是"中乎道"，即以道为中的标准，即第20章"从容中道"之义。今分析如下。

第一，"中庸"一词的本义，书中已有明确表达，即指"时中"（第2章"君子之中庸也，君子而时中"），中读去声，为动词，指恰好、无偏差。注意"时中"的"中"与第一章"中和"的"中"字面意思不同。

第二，《中庸》开篇就从道讲起，率性谓道、修道谓教，其后强调道不可离，须臾在兹。至第2章开始讲中庸，几次重叹"道之不行"；尤其是第11章"君子遵道而行"与"君子依乎中庸"并列；第4章紧承第3章"中庸其至矣乎"，强调行道有过与不及之别，均体现了中庸即中乎道，与第20c章"从容中道"呼应。

第三，《中庸》一书提及"中"的23次中，除了用于"中庸"这一术语外，其他各种场合包括："发而中节""君子而时中""用其中于民""中立而不倚""齐庄中正""从容中道""不勉而中"。这些情况下，"中"均可理解为过程，即行为方式，均可理解为中（zhòng）道而行。

今以《中庸》第2—11章为例，说明中庸之中实指不偏于道，并无更多深意，既非寂静道体，亦不限发而中节。

表2 《中庸》第2—11章宗旨分析

章节	原文	分析
2	仲尼曰：君子中庸，小人反中庸。君子之中庸也，君子而时中；小人之中庸也，小人而无忌惮也。	小人无忌惮、有偏倚，时中即无偏倚。中庸指时中，中为动作。
3	子曰：中庸其至矣乎！民鲜能久矣！	第3—6章均论道之不行或难行，并解释原因在于不能过不及，或执两用中。
4	子曰：道之不行也，我知之矣。知者过之，愚者不及也。道之不明也，我知之矣。贤者过之，不肖者不及也。人莫不饮食也，鲜能知味也。	第4章解释道难行原因在于无法做到无过不及；第6章说明舜所以能行道，是因执两用中；舜所以能行道，在于执两用中。总体意思是，执中所以行道。
5	子曰：道其不行矣夫！	
6	子曰：舜其大知也与！舜好问而好察迩言，隐恶而扬善，执其两端，用其中于民，其斯以为舜乎！	
7	子曰：人皆曰予知，驱而纳诸罟擭陷阱之中，而莫之知辟也。人皆曰予知，择乎中庸，而不能期月守也。	第7—8章相互发明，从正反两方面讲能守中庸与不能守中庸之别。颜回之择守中庸，与常人之不能期月守，正成对照。
8	子曰：回之为人也，择乎中庸，得一善，则拳拳服膺，而弗失之矣。	
9	子曰：天下国家，可均也；爵禄，可辞也；白刃，可蹈也；中庸不可能也。	第9—10章皆论证中庸强大不可摧。中庸代表南方之强，其含义可从"和而不流""中立不倚"看出，故中庸之中亦是无偏倚之义。
10	子路问强。子曰："南方之强与，北方之强与，抑而强与？宽柔以教，不报无道，南方之强也，君子居之。衽金革，死而不厌，北方之强也，而强者居之。故君子和而不流，强哉矫！中立而不倚，强哉矫！国有道，不变塞焉，强哉矫！国无道，至死不变，强哉矫！"	

章节	原文	分析
11	子曰：素隐行怪，后世有述焉，吾弗为之矣。君子遵道而行，半涂而废，吾弗能已矣。君子依乎中庸，遁世不见知而不悔，唯圣者能之。	第11章针对隐怪，君子遵道、中庸故不隐怪，故中庸即遵道，中就是中道而行。

上表揭示《中庸》第2—11章内部关联。从上表可见，第2—11章中庸之中均指行为过程，皆有不偏不倚、遵道而行之义。没有证据表明这些"中"指寂然不动，亦没有证据表明这些"中"仅限喜怒哀乐之发而中节。

《中庸》一书中明确、集中讨论"中庸"限于第2—11章，读者可根据这部分上下文仔细体会原书思想。此后，"中庸"一词在全书中只出现过一次，而且不是作为该章最核心范畴出现的。

2.慎独

"慎独"一词出现在《中庸》首章中，虽然在全书中此词仅出现过这一次，但可以说其重要性极高，甚至可以说"慎独"在全书中的重要性要超过"中庸"。

首先，"慎独"一词并不仅见于《中庸》，而且出现在儒家经典《大学》《礼器》《荀子》等文献中。在非儒家文献《文子》《淮南子》中，也讨论过慎独。新近出土的战国早期竹简《安大简·仲尼曰》表明，"慎独"最初可能是孔子提出并倡导的。而汉代以来，历代学者都有关于慎独的探讨，特别是郑玄、朱熹、刘宗周、王念孙等杰出的儒家学者都对慎独有专门研究和极深体会。在整个儒家学术史上，慎独一直是一种极其重要的修身方法。最近20多年来，新出土的马王堆帛书、郭店楚墓竹简中，均有可能是子思或子思后学所作的《五行》一篇，其中亦有对于慎独的讨论，这使得慎独成为学界一度热烈争论的话题。①

其次，"慎独"的含义，主要涉及"慎"和"独"之义的理解问题。过去有一种典型的说法，把"慎"读为谨慎，把"独"读为独居、独处，于是慎独就是指一个人独处时也要谨慎。30多年来，学术界根据出土文献，提出古人慎独的本义绝不是"慎独处"这么简单，而是指一种很强的内心功夫。比如传世文献《大学》就从"诚其意"来讲慎独，与帛书《五行》及《礼记·礼器》《荀子·不苟》等传世文献理解相呼应。

我们知道，"独"字从犬，是从犬有独行特征这一

---

① 学界关于慎独的讨论见梁涛、斯云龙编：《出土文献与君子慎独——慎独问题讨论集》，漓江出版社2012年版；以及丁四新：《孟子哲学是对子思子哲学的深化与发展——兼论子思子哲学及"慎独"与孔子的关系》，载《孔学堂》2023年第2期；梁涛：《安大简〈仲尼曰〉与"君子慎独"再探讨》，载《北京大学学报（哲学社会科学版）》2024年第1期。

点引申而来。但作为一种学术概念，其含义进一步引申为指"他人所不见、不闻、不知"。所谓不见/不闻/不知，不仅可指外在环境中不为人知，亦可指个人内心世界不为人知。至于"慎"字，在古汉语中一直有谨慎之义；但也有人指出，此字从心从真，代表一种重要的内心活动。这些是慎独发展为一种内心修养功夫的重要原因。在《中庸》中，对慎独的直接论述有"戒慎乎其所不睹，恐惧乎其所不闻"，"莫见乎隐"，"莫显乎微"；间接论述则有关于致诚/至诚的大量论述，特别是末章称：

> 君子内省不疚，无恶于志。君子之所不可及者，其唯人之所不见乎！

清儒戴震指出，其中"人之所不见"，就是慎独的"独"，亦是首章的"不睹/不闻"及"隐"、"微"之义。其中"内省不疚"，讲的正是慎独作为一种内心修养功夫。

结合上述各种文献及《中庸》，笔者认为，"慎独"是一种敢于内心面对他人的独特修身功夫。也就是说，慎独确实是一种内心功夫，但是有特定含义的内心功夫，指人们敢于在内心真实地面对他人。换言之，人们常常自以为别人不知道，而听任内心欲念的升起和发展；如果一念升起时，想想你敢不敢告诉别人，敢不敢公之于众，以及敢不敢坦然承认，这时许多杂念和欲望可能就不敢再有。事实上我们很多时候的私欲和杂念，是不敢公之于众的；我们正因为自知他人不知道，才会自作聪明、自欺欺人地任其发展下去。慎独作为修身功夫的强大魅力在于：它提醒人们不要以为别人不知道，而听任自己内心的欲望和杂念发展；它提供了这样一种独特的自省方法，即时刻想想自己的欲望和念想是否敢公之于人，敢面对公众，以此来判断该不该有此欲念。这正是司马光"吾无过人者，但平生所为，未尝有不可对人言者耳"（《宋史·司马光传》）之意，古人亦常以"诚实无欺"称之。

按这样来理解，慎独包含两方面，一是外的方面，二是内的方面。外是指别人看不见、不知道，内指内心的欲望和杂念。作为修身功夫，它的含义就是指通过敢不敢公之于众、敢不敢告诉别人来判断自己的欲望和想法是好还是坏，该不该有。也就是说，慎独是一体两面、缺一不可的功夫，是通过"意识着他人和鬼神的视线"（日本学者岛森哲男语）来处理自己的欲望和念想，亦即古人常借"听于无声，视于无形"（《礼记·曲礼》）解读慎独之意。这样来理解，即可发现《大学》《中庸》中的慎独之义皆包含这内外两方面，从《淮南子》《文子》到郑玄、朱熹以及后世一大批学者，均是按照这一思路来理解或运用慎独功夫。而古典文献《仲尼曰》《礼器》《五行》《荀子》等，看似只强调了外或内的某一方面，实际上还有分辨的余地，所谓先秦至后世慎独含义有发展演变，前后不一，或未必正确。本此，我们认为迄今为止对"独"之义讲得最清楚、最完备的人是朱熹，即所谓"人所不知而己所独知之地"（《中庸章句》）。

一个值得注意的现象是，古人讨论慎独，常常从"诚"的角度出发（比如《大学》《中庸》《荀子》以及《礼器》郑玄注）。所谓"诚"，用《大学》的话就是"诚其意"（意可指意念）、"毋自欺"，朱熹则称为"真实无妄"。为什么古人会这么认为呢？这是因为，人们对于自己内心深处自私贪婪的欲念，往往羞于承认。比如：我们希望对方领情，所以一再强调礼物多么贵重；我们渴望被别人认可，所以一再突显对方羡慕、欣赏的成就或优点；我们害怕他们知道自己想出名，编造理由解释，说自己是被迫进行宣传的；我们不想对方知道自己的弱点，一再制造种种假象试图掩盖；如此等等。在这些时候，我们内心真实的想法，如上面所谓希望对方领情、渴望别人认可、不希望别人知道自己想出名、不想对方知道自己的弱点之类，是没办法向别人坦然承认的。不仅如此，对于我们内心深处不敢诚实告诉他人的真实想法，我们甚至也不敢对自己承认有此真实想法。因为承认这些想法意味着承认自己堕落或道德上的自我贬低，带有自我侮辱性质；毕竟没有人愿意自我侮辱或贬低。因此，慎独功夫通过让人们时时用内心真实的想法，坦然面对他人，来约束自己，提升自己的修养。

根据上面的讨论，我们对慎独的含义及其独特魅力，是不是有了清晰的认识？是不是更加发现，对古人的概念不要随便望文生义地猜测？

除了上述三个范畴之外，《中庸》的重要概念或范畴还包括性、诚、道、德等概念。阅读《中庸》时，抓住了这些重要概念，基本上就可以把全书贯穿起来。

3.性

"性"在《中庸》中极其重要，历来争论不断，主要涉及性的含义，性与修身的关系，性在整个《中庸》一书中的地位，《中庸》是否持人性善的立场等问题。

"性"字在《中庸》中出现11次，主要集中于第1章（2次），第二部分的第21、22、25章（共8次），以及第三部分的第27章（1次）。其中第1、21、22章这三章对于理解"性"之义比较重要。另外两章，即第25、27章的"性"，出现于"性之德也""尊德性"的表述中，其含义相对次要些。现将全书含"性"的语句摘录如下：

天命之谓性，率性之谓道。(第1章)

自诚明，谓之性；自明诚，谓之教。(第21章)

唯天下至诚，为能尽其性。能尽其性，则能尽人之性。能尽人之性，则能尽物之性。能尽物之性，则可以赞天地之化育。可以赞天地之化育，则可以与天地参矣。(第22章)

性之德也，合外内之道也。(第25章)

君子尊德性而道问学。(第27章)

首先，按照传统的思路，"性"可理解为上天赋予人（或物）的、与生俱来的、不由人自己造成的一系列属性。《中庸》"天命之谓性"一句，也有此含义。不过，联系后面"率性之谓道"一句，"性"似乎不能指人（或物）的每一个天生属性。因为，既然遵循人性即是道，而道毕竟是有强烈价值色彩，代表事物正确的途径或规则，并不是人的每一个属性都需要遵循。比如人有好色的本性，有时需要遵循，有时就不能遵循。再联系后面"唯天下至诚，为能尽其性"，直至"与天地参"，这里的性更不能理解为每一个天生属性。

我觉得比较好的解释是把它理解为所有天生属性构成的一个整体，是这个总体构成了生命（人或物）健全成长的法则。比如，你有好色的本性，需要满足，但一味满足它们可能导致伤身、害己，并不符合生命整体健全成长的需要。因此，我提出把《中庸》中的性理解为生命整体健全成长的法则。它不是指某一个具体的天生属性，而是一个整体意义上的成长属性。此属性当然也是天生的，所以可称为性。

这样来理解接下来的句子，"率性"就是指遵循此成长法则；"尽性"就是指让生命整体的成长潜力得以充分发挥。好比一棵树能长成参天大树，你不能让它夭折，否则就不算"尽其性"；一个人能活到80岁，且有多方面的才艺，只有让他活到这个岁数，他的所有才艺得到充分发展，才算"尽其性"。因此，无论是人，还是物，"尽其性"都是其健全成长所必需的。

不过，上述解读只是我站在现代人立场，本着最大程度地让文本逻辑合理化而作的推测，未必代表作者本意。这一点，读者应当留意。

现在我们参照一下马王堆帛书《五行·说》篇来看。《五行·说》据说是子思后学所作（当然也有争议），其中明确讨论到人性：

> 循草木之性，则有生焉，而无好恶焉。循禽兽之性，则有好恶焉，而无礼义焉。循人之性，则巍然知其好仁义也。不循其所以受命也，循之则得之矣，是目〈侔〉之已。故目〈侔〉万物之性而知人独有仁义也，进耳。"文王在上，於昭于

天", 此之谓也。

> 文王源耳目之性而知其好声色也, 源鼻口之性而知其好臭味也, 源手足之性而知其好佚愉也, 源心之性则巍然知其好仁义也。[①]

在这段话里, 作者显然认为禽兽之性只有好恶, 而不辨仁义; 人性能"好仁义"。有人不好仁义, 是因为没有遵循天之所命, 其实上天赋予所有人好仁义之性。如果按照这段话来理解, 则《中庸》中的性就是指人性, 而且限于指好仁义之性。联系《五行》篇以"仁、义、礼、智、圣"为五行为五德, 则《中庸》首章"率性"之性当指仁、义、礼、智、圣五德, 此亦郑玄《中庸》注之义(不过将"圣"改为"信")。这当然是性善论的思路。既然孟子自称为子思后学, 其性善论与子思的人性论应该是一致的。况且,《中庸》提供率性、尽性, 似乎也是倾向于性善论的。

其次, 要理解《中庸》中的人性论, 需要注意性、情二分问题。

我们要认识到, 古人以性、情二分看人性, 其中

---

① 庞朴:《帛书五行篇研究》, 齐鲁书社1980年版, 第63页。文字经考证、校订。

情包括欲在内。① 早在《礼记·乐记》中就明确地区分性、情二者。《中庸》虽未出现"情"字，但极有可能为了语句精练、可读，用"喜怒哀乐"来表示《礼运》中的七情——喜、怒、哀、惧、爱、恶、欲，或者以喜怒哀乐四者来作为一切情欲之统称，古代注释家（如孔颖达）就将这里的"喜怒哀乐"简称为"情欲"。如果情是人天生就有的七情六欲，当然是人性中的一部分，那么它与性区别在哪儿呢？古人认为性与情，就好比水与波，波当然是水的一部分，但毕竟是水发动出来的。因此，情就是性之发动。性是静止未发动的状态，情是接物已发动的状态。也可以说，性是体，情是用。

1993年出土的湖北荆门郭店楚墓竹简有《性自命出》一篇，其中说"道始于情，情生于性"。"道始于情"，与《中庸》"修道之谓教"一致，修道就是针对情的（通过慎独节情）。"情生于性"，是指性有生情的潜能，但性不可独自生情，需要感物生情。故《性自命出》又说"凡人虽有性，心弗取不出"，"凡动性者，物也"。《性自命出》充分证明，公元前3世纪前甚至更早的时候，人们已经明确地区分性、情二者。不过要

---

① 古人一直到清代以前，没有把情与欲分开，故《礼运》中的"七情"包括欲、恶在内。在《礼记·乐记》《荀子》的《荣辱》《正名》《性恶》中也有例证表明，古人以欲为情的一部分。尤其是许慎《说文·心部》"情，人之阴气，有欲者"，明确以欲为情。

注意，《性自命出》虽区分性、情，仍以情为性的一部分。情虽从性出，但亦体现性。这一观点一直到东汉才有所改变，那时把性、情对立起来，甚至主张性善、情恶。

按照性、情二分的思路，不少学者都把首章"中和"分别对应于性、情之上，因为"喜怒哀乐"应当是讲情的。我们认为"喜怒哀乐之未发谓之中"，讲的正是开头"率性"的功夫；"发而皆中节谓之和"，则是开头"修道之谓教"的功夫。即圣人不需要刻意慎独，"从心所欲不逾矩"（《论语·为政》），亦即《中庸》第20c章所讲的"从容中道"。但对于大多数人，包括君子、贤人和普通人，他们都需要慎独功夫，即要努力做到"发而皆中节"。关于这一点，我们将在接下来讨论中和范畴时进一步说明。

这样解释，就将首章进一步与后面各章对应起来。因为古人认为唯圣人率性而行，故率性为圣者之事，对应于后面的"诚者""天之道"（第20c章）；君子修道而为，故修道为君子之事，对应于后面的"诚之者""人之道"（第20c章）。率性为"未发之中"，修道为已发之和（也可称已发之中）。率性者"不勉而中""从容中道"，修道者"戒慎恐惧""发而中节"。这样全书就有两组概念，分别对应于性和情两个层次（朱子所谓"天之道"与"人之道"）。

表3　性情:《中庸》的两个层次

性	情
率性/尽性	修道
未发之中	已发之和
圣人	君子
诚者	诚之者
自诚明	自明诚
天之道	人之道

　　这两个层次是在朱子《章句》中可以看到的，但略有区别。区别在于：朱子似将"率性"与"尽性"分为两个层次，以"尽性"为圣人之事、与"至诚"对应（第22章注），而"率性"似为贤人之事，从而应与"发而中节"、与"诚之者"对应（《中庸章句》第1章注）。笔者以为"率性"与"修道"在第1章已有区分，为两层次。这是因为第21章"自诚明，谓之性；自明诚，谓之教"，其中"性"当即第1章"率性"，"教"即第1章"修道"。朱子既称"自诚明"属圣人之德、天之道、"所性而有者"（"尽性"），"自明诚"属贤人之学、人之道、"由教而入者"（第21章朱注），那么，率性/尽性、自诚明、圣人、未发之中当属同一层次；修道、自明诚、贤者、发而中节当属同一层次。

据此，率性（第1章）、性也（第21章）、尽性（第22章）应属同一层次。

4. 中和一

我们都知道，中和思想是儒家甚至中国传统思想中非常重要的范畴，在历史上影响很大。但这里要强调，《中庸》的中和思想需要特别理解，不能简单套用前人说法。现在具体来看如何理解《中庸》的中和思想。

首先，要知道"中和""中庸"这两个术语虽然相近，但含义有所不同。具体来说，"中庸"主要出现于第2—11章，而"中和"出现于第1章。从内容看，"中庸"与"中和"侧重点明显不同。我们先看《中庸》第1章讨论"中和"的原文：

> 喜怒哀乐之未发谓之中，发而皆中节谓之和。
> 中也者，天下之大本也；和也者，天下之达道也。
> 致中和，天地位焉，万物育焉。

上面我把本来连贯的原文分开作三段，为了便于理解。在这里，所谓"中"，其实与"中庸"的"中"含义表面上不一致，因为"中庸"的中是不偏、恰好，而未发之"中"从表面上看指内心，即喜怒哀乐等内心情感未起时的状态。考虑到喜怒哀乐指的是情（用今天的话讲应称为情欲），学界多认为"未发之中"是针对"性"而言，不能简单地理解为内心。由于情一般是接物之后、感应而生，性就是接物之前、未有感应的样子，是本来的样子。最典型的解释，比如孔颖达释"未发之中"为"情欲未发，是人性初本"，因为"喜怒哀乐缘事而生，未发之时，澹然虚静，心无所虑"（《礼记正义·中庸》）。

在孔颖达上述解释启发下，宋儒进一步提出"未发之中"指无情无欲的寂静"道体"，并主张以"观未发之中气象"为慎独功夫，流行于宋明时期。后人已指出此乃受佛教影响，不代表中国传统。须知中国文化传统不可能赞同完全没有情的圣人境界。完全绝情乃至灭情，此不是儒家，也不是道家。在先秦文献中，圣人是有情者，孔子也只是"从心所欲"（欲是情的一部分）。《论语》中记载了孔子哭颜回等许多情感丰富的活动。需要知道，孔颖达的"人性初本"，与后来宋明理学从佛教出发，精致化地表达为无情、灭情的寂静道体是不一样的。此"人性初本"只是强调未感物前的状态，虽情欲未发，但包含感应万物而生情欲之理。

按照孔颖达、郑玄等的观点，"未发之中"为"初本之性"，因情欲未发，无所违逆，故称为"中"；因其为一切政教之"所由生"（郑玄语），故为"天下大本"。注意以情欲未发为中，实际上是把"未发之中"理解为与情有别的性。[①]这一理解从本处看似乎成立，但从全书整体脉络看还有问题。一是如何与前面第一句"率性之谓道"衔接，遵循情欲未发的"初本之性"就是道吗？二是"未发之中"为何能实现"天地位、万物育"，并不清晰，包括与第32章"立天下大本"句以及后面"尽性"（第22章）、"德性"（第27章）的论述也是脱节的。下面重点论述。

为了理解《中庸》"未发之中"和"已发之和"，我认为要记住两条前提：一是要区分存在论和功夫论；二是中和针对前面"率性""慎独"而发，其中包含着圣人与君子、天之道与人之道的二分线索在其中。

首先，"未发之中"是功夫论，不是存在论。从存在论看，先秦传统思想不可能主张无情、灭情；但从功夫论看，儒家也可以主张无情、灭情。功夫论意义上的无情、灭情不是彻底去情，指不受情欲影响。下面我要指出，在功夫论意义上，第一句"率性之谓道"就是这里的"喜怒哀乐之未发"，因为文本预设了率性

①《左传·成公十三年》载刘子曰"民受天地之中以生，所谓命也"，这里的"中"从下文看应当是包含情的性。从《性自命出》看，古人似乎认为情与性虽有别，但仍属于性的一部分，毕竟情生于性。

与循情相反相对。或者说，"未发之中"就是率性而行。由此，我们把"发"理解为发生影响，犹如发动起来、施加作用，而不是理解为发生、形成。

须知，情在古人那里是被动感生的，人很容易被动接受它支配，影响自己行为。故常人需要慎独。但圣人之情，已经不再影响到他，圣人不需要通过慎独来摆脱情欲支配，故有"未发之中"。前人理解此段一直以来的困境或最大症结，或许正在于未能区分存在论和功夫论。

我们认为，圣人固然有情，但所谓未发之"中"作为功夫，不受情欲影响、率性而行，因能"从容中道"（第20c章），故称"中"。即圣人不用慎独，"不勉而中"（第20c章）。孔子"从心所欲"，虽有情欲，亦属于喜怒哀乐未发而中。从这个角度来说，钱穆解释"未发之中"为情虽有而似无，未必没有道理。他说，"未发之中"是"此心常在一恰好状态下，即此心常得天理"，"则此心之有喜怒哀乐，将若不见有喜怒哀乐。外物之有各种相乘，亦常若不见有种种相乘"，"心中无物非真无物，而喜怒哀乐之无害于人心中和之性矣"。（钱穆《中庸释义》）钱穆的说法，实即宋儒程颢《定性书》"夫天地之常，以其心顺万物而无心；圣人之常，以其情顺万物而无情"之说。只是《中庸》作者未必想得那么清楚，他的本意当是指不受情欲主宰，所以称为"未发之中"。

因此，综合我在上面对《中庸》"性"概念的解释，我认为可把"未发之中"解释为开头的"率性之谓道"，亦即后面第20c章"诚者不勉而中，不思而得，从容中道，圣人也"（注意这句话有两个"中"，都读去声）之义。

由此，"未发之中"不是直接指内心或与情相区别的性，而是率性。它是行为而非静物，是功夫而非存在物。

其次，未发之"中"当指中道（中乎道），不是传统所说的"内心"或"道体"。

实际上，首章有两个"中"。一个是"未发之中"；另一个是"已发之中"，即"发而中节"，通常称为"已发之和"。这两个"中"的含义应该是一样的，都指恰好、不偏，更准确地说是指中乎道，但两个"中"针对的情况是不同的。如果说"未发之中"指的是圣人"不勉而中"，率性而行；"已发之和"指的是君子"戒慎恐惧"，修道为教。这样，中、和分别对应于首章"率性之谓道"和"修道之谓教"。无论是率性还是修道，都是为了"中道"；只不过圣人，也就是后面讲的"诚者"，能够"从容中道"；而君子，也就是后面讲的"诚之者"，只能努力做到"发而中节"。

注意，"喜怒哀乐之未发"只说喜怒哀乐未发，没说什么都不发，故不是一片寂静。① 它只是代表率性而行，不受情欲影响而已。也就是说，无论是"未发之中"，还是"已发之和"，都不是动作、行为未发，而只是情欲发不发生作用而已。这样解释当然是基于对性、情的区分。即认为开头"率性"是针对性，而"修道"是针对情。因为修道就是慎独的功夫，慎独就是要对情欲用功。

对于"已发之和"，别忘了这一句是紧接着上面"戒慎乎其所不睹，恐惧乎其所不闻""莫见乎隐，莫显乎微"而来。"不睹""不闻"是指人所不知；"隐"有隐蔽、不为人知之义，"微"有萌芽、尚未壮大之义；"喜怒哀乐"应当是七情六欲的简称（古籍中有类似现象），当不限于喜、怒、哀、乐四者，统指人心中隐微的情欲。

因此，"已发之和"指喜怒哀乐"发而中节"，即前面讲的慎独功夫，是指在不为他人所睹、所闻的情况下，能够直面自己的内心，对其中尚且隐微的情欲加以处理，使之恰到好处，不偏不倚。因此，"发而皆

① "未发"也有三种不同的理解：第一种理解为外在行为，未发仅限于行为未发，但情欲可有；第二种理解为包括内心情欲，未发仅限于指情欲未发，但言行可有；第三种认为，未发应该是情欲未发，行为也未发，即什么都未发的寂静状态（宋儒多如此解）。未发究竟是什么都不发（罗从彦），还是仅仅指情欲未发而行为可有（徐复观），或是仅仅指行为未发而情欲可有（钱穆）？应该说，文本说得很清楚，是情未发，没说行为未发，故应采纳上述第二种理解。

中节"指那些情欲经过慎独发而皆中，故称"中节"。"中节"虽比"中道"含义窄，但属于中道范围。这里，"发而中节"之"中"也是功夫，作动词，可理解为执中或致中。但"未发之中"也包含功夫，只不过是圣人/诚者率性而为，"不勉而中"，无须刻意努力而已。这样，"已发之和"指功夫到位了，慎独见效了，故而内心情欲也恰到好处、没有偏差了，故能与万物和。

长期以来，学界对"未发之中"为"天下大本"的理解上，有一个偏颇，即以"未发之中"指性，于是理解为性为天下大本（例如清人张仲诚则称"未发之中"就是前面所说的"天命之性"，见毛奇龄《四书賸言》引）。这样的问题在于，"未发之中"被理解为寂静一片，成了什么都不发的静止状态，反而不如"发而中节"与"中庸"关系密切。因为人们发现，第2—11章讨论中庸，都是针对"已发"而言，从未要人们回到寂静一片的"未发"状态。我们把未发之"中"理解为中乎道，中道是过程，是行为，不是名词或静止的存在者（全句读为"喜怒哀乐未发的中道行为"）。而性是名词、现状，不同于率性作为过程或行为。这样理解不仅从字面上通顺，而且将全书中的三个"中"统一起来，认为它们均指"中乎道"（论见下）。

将"未发之中"与"已发之和"均理解为中道而行，不仅与第2—11章从时中论中庸相衔接（均以"中乎道"

解释"中"），也与第三部分诚明论述相接（兼"自诚明"与"自明诚"），并与第二部分外在修身相呼应。①

5.中和二

把"未发之中"理解为圣人率性而为、"从容中道"，存在与下面"中也者，天下之大本也；和也者，天下之达道也。致中和，天地位焉，万物育焉"两句如何衔接的问题。这里面涉及何为"天下大本"的问题，也涉及"天地位、万物育"的问题，其中"天下大本"涉及政教问题（天下治理），"天地位育"涉及宇宙观问题（但本质上也是政教问题）。

大家知道，第32章称"唯天下至诚，为能……立天下之大本，知天地之化育"，将"至诚"与"天下之大本"及"天地之化育"联系了起来。这与首章论"天下之大本"及天地位育问题密切相关（古人也已发现这一点）。第32章主体是诚者，而首章"未发之中"的主体我们说是圣人，诚者即圣人（第20c章"从容中道，圣人也"）。因此，"中也者，天下之大本也"一句，字面意思指"中道"可以为天下大本，也

---

① 若按朱子做法，将未发之中与已发之中割裂，一静一动，就与后面"诚者"与"诚之者"分别对应于圣人与君子相矛盾。这是因为在朱子这里，称圣人回到"未发之中"，会与第20章称圣人"不勉而中""从容中道"相矛盾，后者据朱子属已发之中。

可以理解为圣人率性而为，可以为天下立大本。我们把"中"读为中道，则"大本"即指"中道"（读"中乎道"，"中"为动词），这样正好与"达道"对应。可以借用体用论思维，把"大本""中道"理解为体，把"达道"理解为用。"中道"之所以为大本，不妨借用郑玄的话，因为它是"礼之所由生，政教自此出"（郑玄语）。须知全书重心不是抽象地讨论宇宙本原，而是讨论政教之源。不是事实的描述，而是秩序的构造、政教的建立。"大本""达道"都带有礼乐之源、秩序之本的性质。

当然，"未发之中"为"天下大本"，更好的理解是认识到，"未发之中"的行为主体从后文看是诚者/圣人，他有"至德"、达"天德"。我们在后面讨论"诚化""至德"范畴时会系统、全面地展示至诚/至德为天下大本。具体来说，圣人/诚者"动而世为天下道，行而世为天下法，言而世为天下则"，"不赏而民劝，不怒而民威于铁钺"，故"笃恭而天下平"。这应当是指至诚无比巨大的政治社会效应。第26章称至诚"不见而章，不动而变，无为而成"，第33章引"不显惟德，百辟其刑之"，正是要说明圣人至德为一切政教之源和秩序之本这一全书宗旨，而这一点在首章以"中也者，天下之大本也"一句提示出来。总之，将"未发之中"理解为指圣人/诚者，就与后面大段讲诚化/至德关联起来；从功夫论、政教论出发，可知"未发之中"作为天下大本是指至诚/至德为政教大本或天下秩序大本的意思。

再来看"中和"与"天地位、万物育"的关系。从第26章论"至诚无息"最后落脚到"天之所以为天也"可以看出，全书要说明，"至诚"必"无息"，"其为物不贰，则其生物不测"，所以成就"天地位、万物育"，故"天地之道"可由"至诚无息""一言而尽"。紧接着第27章称"圣人之道""洋洋乎发育万物""峻极于天"，因为圣人代表至诚，与第26章思路一致。由此，就能理解为什么"未发之中"能实现"天地位、万物育"，因为它就是"至诚无息"！再看第三部分论"诚者天之道"（第20c章），"唯天下至诚，为能尽其性""赞天地之化育"（第22章）。不难发现，全书的基本逻辑是：诚者（圣人）率性/尽性，体现的正是天（地）之道，或者说天地化育之道，此即首章所谓"天地位焉，万物育焉"之义。因此，首章的"未发之中"当指诚者循天之道。理清了全书"至诚"与天地、万物的关系，也可以帮助我们理解"未发之中"为"天下大本"，因为本书讲"天地位，万物育"或"天地之道"，实以天下治平为旨归。

下面我们将全书中与"未发之中"相应的线索以下表示之（括弧内的数字标明章数，下同）。

表4　"未发之中"与天地、万物关系

原文	解说
喜怒哀乐之未发谓之中。 中也者，天下之大本也。 致中和，天地位焉，万物育焉。（1）	"未发之中"当联系前面"率性"句及下面各章贯通理解
率性之谓道（1）	与第22章"尽性"呼应
诚者，天之道也。（20c） 诚者不勉而中，不思而得，从容中道，圣人也。（20c）	诚为"天之道"，"不勉而中""从容中道"即是"未发之中"
唯天下至诚，为能尽其性。能尽其性，则能尽人之性。能尽人之性，则能尽物之性。能尽物之性，则可以赞天地之化育。可以赞天地之化育，则可以与天地参矣。（22）	赞天地化育与首章"天地位、万物育"呼应 至诚尽性即是率性，即未发之中
故至诚无息。不息则久，久则征，征则悠远，悠远则博厚，博厚则高明。……天地之道，可一言而尽也。其为物不贰，则其生物不测。天地之道，博也，厚也，高也，明也，悠也，久也。（26）	"至诚无息"体现"天地之道"，与首章"天下之大本"及"天地位、万物育"呼应
大哉圣人之道！洋洋乎发育万物，峻极于天。（27）	圣人即诚者，发育万物即首章万物育焉，峻极于天即首章天地位焉
唯天下至诚，为能……立天下之大本，知天地之化育。（32）	至诚指圣人（孔子），"大本""化育"与首章呼应

统而言之，我们认为，《中庸》中的"中和"是作为修养功夫而言的，"中"都是中道、恰当的意思。这个"中"既指"未发之中"，也指"发而中节"（也可称为"已发之中"）。"和"专指慎独的成效。合而言之，

我认为《中庸》的"中和"分别指圣人或君子：或通过率性而为，"从容中道"；或通过矫正情欲，与物相和。若首章"天下大本"指"中道"（中乎道）为治理天下之大本，则"天下达道"指慎独为治理天下之大道。

回到开头，虽然上面我们把"中和"之中与"中庸"之中均理解为恰好、不偏，但严格来说，在《中庸》文本中，这两个词的语境是不同的。朱熹曾引用游氏看法，称前者"以性情言之"，后者"以德行言之"。这是因为，首章"中和"主要讲功夫，后面"中庸"讲言行。中和与中庸，毕竟还是有区别的。这样我们有三个"中"：

表5 《中庸》三个"中"

未发之中	喜怒哀乐之未发谓之中，不勉而中，从容中道	圣人，率性而行
已发之中	发而皆中节，谓之和	君子，修道慎独
中庸之中	君子而时中，用其中于民，中立而不倚，道中庸	中和之成效

上表将中和理解为功夫（率性或修道），将中庸理解为其成效。尽管如此，三个"中"的含义是一致的，都是"中道"（"中"读去声，不是中间道路，而是合乎道）。

6.中和三

前面我们主要讲《中庸》的中和问题，提到《中庸》的中和思想很特别，现在我们简单总结一下中国历史上的中和思想来源。一般认为，中和思想可以追溯到很早，儒家早期经典如《尚书》《诗经》《周易》中就有体现。不过，在先秦其他文献中，对于"中""和"的讨论常常是分开来进行的，尤其是对于"中"的讨论，早在《尚书》《周易》中即已非常突出，只是将"中""和"合成一个术语在先秦较少，"中和"作为一个术语最早见于《中庸》《乐记》《周礼》等书。这里并不打算全面讨论历史上的"中"及"中和"之说，而是简单地检讨一下历史上与《中庸》中和相关的观点。

《乐记》称："乐者，天地之命，中和之纪，人情之所不能免也。"（《荀子·乐论》与此大同小异）既谓"人情不能免"，则所谓"中和"针对人情。其所谓"和"，当指上文"君臣和敬""长幼和顺""父子兄弟和亲"之类，即所谓"合和父子君臣，附亲万民"。而其所谓"中"，联系前文"致乐以治心，则易直子谅之心油然生矣"，"心中斯须不和不乐，而鄙诈之心入之矣"，当指心无鄙诈。联系下面称先王以"乐""饰喜怒"，使喜怒"皆得其侪"，"喜则天下和之，怒则暴乱者畏之"，"故君子反情以和其志，广乐以成其教"，可以推测《乐记》由乐所求达的"中和",其所谓"中"指无"悖逆诈伪之心",与《中庸》"喜怒哀乐之未发谓之中"同义;其所谓"和",与《中庸》"发而皆中节"同义。

《周礼·大司乐》提出"以乐德教国子:中、和、祗、庸、孝、友",《大司徒》以礼、乐分释中、和,"以五礼防万民之伪而教之中,以六乐防万民之情而教之和",贾疏《乐记》据其中"著诚去伪,礼之经也"句,称前半句指"以礼防万民之伪,而教之使得中正也"。"伪"与"诚"对立,则所谓"中正"可指内心,与《中庸》"未发之中"义近。据《易·系辞上》"设卦以尽情伪",《系辞下》"情伪相感而利害生",情与伪并言,伪乃情之伪,诚为情之正。据此,《周礼》两处论中和,皆针对情而言,其义似与《乐记》《中庸》相近,情之正即"发而中节"也。

《易·象》多次提及"中而应",论师卦、临卦、无妄卦、萃卦、升卦而曰"刚中而应",论睽卦、鼎卦而曰"得中而应乎刚"。今按:"刚中而应",就是中和的意思。《易·象》论萃卦曰:"顺以说,刚中而应,故聚也。……观其所聚,而天地万物之情可见矣!"刚中为中,应为和,皆对性情而言,与《中庸》一致。又《象》论大壮曰:"大壮,利贞。大者,正也,正大而天地之情可见矣。"以"正"释"大",而见天地之情。情之正即情之中也。又《系辞下》谓"爻象以情言",

"吉凶以情迁"，"凡《易》之情，近而不相得则凶"，"将叛者其辞惭，中心疑者其辞枝"。"情不相得"近乎《中庸》以情论中也。又《文言》谓乾卦"利贞者，性情也"，指性情得其正。正即中也，故下又谓"大哉乾乎！刚健中正，纯粹精也；六爻发挥，旁通情也"。所谓"刚健中正"，当指情之中正，与《中庸》"中和"相通；所谓"旁通情"指通乎万物之情，即《系辞上》"以类万物之情"，与《中庸》"已发之和"相应。又《文言》言"君子敬以直内，义以方外"，"敬以直内"即是"中"，"义以方外"即是和。

《荀子》论中和多从乐出发，然亦论心之"中理"，方法是能节"情之所欲"。《正名篇》曰"治乱在于心之所可，亡于情之所欲"。"故欲过之而动不及，心止之也"，心的作用是关键，"心之所可中理，则欲虽多，奚伤于治"？所谓"心之所可中理"，就是指心的节欲能力，此与《中庸》"喜怒哀乐之未发谓之中"含义是否相近？《解蔽篇》论人"心术之患"在于"蔽塞之祸"，故圣人"无欲、无恶、无始、无终、无近、无远、无博、无浅、无古、无今，兼陈万物而中县衡焉"，而"中县衡"的关键在于"心知道"。心如何知"道"？曰"虚壹而静"。"虚壹而静"至于"大清明"，实与《中庸》从隐微讲慎独相近，因为荀子认为心为"形之君、神明之主"，"心枝则无知，倾则不精，贰则疑惑"，心可以"自禁也，自使也，自夺也，自取也，自行也，自止也"，"心容——其择也无禁，必自现，其物也杂博，其情之至也不贰"。

董仲舒《春秋繁露·循天之道》论中和，主要从天地阴阳之气运行规律出发，称"夫德莫大于和，而道莫正于中"，以中为道之正，以和为德之大。"中者，天地之所终始也；而和者，天地之所生成也"，这是讲天地万物生养之道；"中者，天之用也；和者，天之功也"，这是论"以中和养其身"，并教人如何根据春夏秋冬四季之气阴阳变化规律对待饮食、男女、心气。其中认为实、虚、热、寒、劳、佚、怒、喜、忧、惧十气"皆生于不中和"，故须"反中"。如何反中？董氏认为反中之道在于心，因"凡气从心"，"心，气之君也"（类似于《荀子·解蔽》说法）。如何用心？提出仁者"外无贪而内清净，心和平而不失中正"，反对"忿恤忧恨"，赞美"和说劝善"。总之，董氏重视情绪、欲望的自我调节，认为喜怒忧惧之情不正时皆须"反中"："君子怒则反中，而自说以和；喜则反中，而收之以正；忧则反中，而舒之以意；惧则反中，而实之以精"。董氏的结论是："欲恶度理，动静顺性，喜怒止于中，忧惧反之正，此中和常在乎其身，谓之得天地泰。"董氏此段，实以欲、恶、动、静、喜、怒、忧、惧为情，而以"反中""中和"为养身之方，"能以中和养其身者，其寿极命"。董氏养生之说，不限于心，而以心为本，而以情论中和，实与《中庸》相呼应。那么，董氏所谓"反中""止于中"是什么意思呢？从上下文看，似乎包括"无贪""内清净""心和平""欲恶度理"。所谓喜怒忧惧之情"反中""反之正"，似乎亦当从这里理解。据此，我们对《中庸》"喜怒哀乐之未发谓之中"是不是有更好的理解呢？

其他学派亦有类似的从内心讲中之倾向。例如，《庄子·骈拇》称"彼至正者，不失其性命之情"；而所谓"至正"，指"多骈旁枝之道，非天地之至正也"。此以情为性之一部分，而性命之情"至正"，与《中庸》之中义近。《人间世》称"夫乘物以游心，托不得已以养中，至矣"，郭注曰："任理之必然者，中庸之符全矣，斯必接物之至也。"郭注以"中庸"释养中，则所谓游心以养中，中当指内心之恰当，与《中庸》义相近。

《管子·宙合》称"中正者，治之本也"，要求人君"中正以蓄慎"，具体包括"心欲忠""耳目欲端"，批评人君"上之败常，贪于金玉马女，而吝爱于粟米货财也"。主要从人君内心自警调整角度讲"中正"，似乎与《中庸》从慎独论中思路一致。《法法》称"圣人精德立中以生正"，《正》教人君"中和慎敬，能日新乎？正衡一静，能守慎乎"？中与正并用，慎字两用，"中和慎敬"近乎慎独以致中和。

《淮南子》论中，多从心术出发，其中使用的"曲""偏""诚""微"等词，可与《大学》《中庸》相参照。《主术训》谓"不偏一曲，不党一事。是以中立而遍，运照海内，群臣公正，莫敢为邪"，"处静持中，运于璇枢，以一合万，若合符者也"，此有从内心不偏讲中之义；《泰族训》称"圣人怀天气，抱天心，执中含和"，极论执中能化，即微而显的道理。又论矢曰："其所以中的剖微者，正心也；赏善罚暴者，政令也；其所以能行者，精诚也。故弩虽强，不能独中；令虽明，不能独行；必自精气所以与之施道。故揽道以被民，而民弗从者，诚心弗施也。"从正心论中，类似于《中庸》从慎独论中；由精诚论中，与《大学》相近。故《要略》总结道："原心术，理性情……执中含和，德形于内，以莙凝天地。"从其以"正心"两次出现的"执中含和"，似主内心。

荀悦《申鉴·俗嫌》称："养性秉中和……故喜、怒、哀、乐、思、虑必得其中，所以养神也；寒、暄、虚、盈、消、息必得其中，所以养体也"，"体宜调而矫之，神宜平而抑之，必有失和者矣。夫善养性者无常术，得其和而已矣。"以喜怒哀乐思虑"得中"论养性，与《中庸》讲"喜怒哀乐"之发与未发论中相近。荀氏所谓"得其中"即是"得其和"，盖中则得和，中、和是因果关系。

总之，研究古代经典和文献，我们发现"中和"一词可能有许多不同的含义，在不同历史时期有不同论述。不过，我觉得今天我们可以在《中庸》的基础上，把"中"理解为欲念恰当、中道（中读去声），"和"理解为行为和合、和谐。"中"是针对主体自身，"和"是针对外在表现。"中和"作为一个思想范畴，可以理解为，以中正的思想，行人世的公道，实现天下和同。

7.修身

"修身"是先秦常见的学术术语，最早可能见于《尚书》。我们今天不仅在《尚书》《周易》《左传》《孟子》《礼记》《荀子》等儒家经典中看到修身论述，在非儒家经典如《墨子》《老子》《庄子》《管子》《韩非子》等书中也能看到修身的论述（有的是专章论述）。此外，"修身"在古代还有不同的表述方式，比如有时称为"修己"（如《论语》），甚至"修德"（如《左传》）、"修道"（如《中庸》，论见下）等。另有一类以"养"开头的术语也与修身有关，如"养心""养气"（如《孟子》），"养生"（如《庄子》）等。先秦时期并无"修养"一词，修、养代表两种性质稍有不同的自我修炼，后世合为一个词。今日汉语中的"修养"与"修身"含义极近。

"修身"一词何时开始出现，已难知晓，不过我认为其含义有一个演变过程。我推测，其早期含义可能偏重于人的气质或行为方式，这是术语包含"身"的原因之一。"身"有身体之义，跟外在行为有关，修身就是修饰自己的行为方式。比如《尚书·皋陶谟》在讲"慎厥身，修思永"时，提到了"宽而栗，柔而立，愿而恭，乱而敬，扰而毅，直而温，简而廉，刚而塞，强而义"这"九德"，全部跟行为方式或气质关系较大。在《尚书·洪范》从貌、言、视、听、思五个角度讨论了君主应做的"五事"，以及"正直""刚克""柔克"这"三德"，虽未使用修身一词，应代表周初对于修身的认识，大体上反映了重视气质及整体性格的特点。一直到荀子，专门写了《修身篇》，其中将"修身"理解为"治气养心之术"。其所谓"治气"，有改变气质的意思。不过，荀子可能也受曾子、子思、孟子等影响，将"养心"也作为修身内容之一了。

在儒家传统中，我们从《大学》看到，修身的含义明确地偏重于自我内心调整，即从诚意、正心做起。这一思路在《中庸》中得到了强化。

由于《中庸》的宗旨是修身立德，所以修身在全书中的位置举足轻重。第1章所谓"修道"，如果联系第20a章"修身以道""修身则道立"之言，可知就是修身；而所以称修道，是因为联系着"中"来讲，要说明慎独以中道为目标。从第1章看，修身要从慎独做起，慎独即致诚，故诚极其重要，因为它是作者倡导的关键修身方法。因此，《中庸》中的修身，主要包括慎独、守中、致诚等。

按照我们的理解，《中庸》修身分为内在修身和外在修身。从前面表1可以看出，《中庸》四个部分均可以贯穿着修身的线索。第一、三部分是内在修身，以慎独、致诚为重心；第二部分是外在修身，即修道，也可以说在生活实践中修身；第四部分是在内外结合的意义上讲修身的最高成就，即形成圣人至德。

"修身"一词在全书出现8次，这8次全部集中在第20a章。下面分析一下第20a章的层次结构。通过这一结构分析，可以发现，《中庸》修身思想与《大学》基本一致，都有一个由己及人、由内到外、从家国到天下的外推过程，见下表。

表6　第20a章修身思想

治国之道	1	修身	致诚	修身则道立；修身以道，修道以仁；思修身不可以不事亲
			三达德：知、仁、勇	
	2	亲亲	五达道：君臣、父子、夫妇、昆弟、朋友	仁者人也，亲亲为大
	3	尊贤		思事亲不可以不知人。义者宜也，尊贤为大。尊贤则不惑
	4	敬大臣		敬大臣则不眩
	5	体群臣		体群臣则士之报礼重

6	子庶民		子庶民则百姓劝
7	来百工		来百工则财用足
8	柔远人		柔远人则四方归之
9	怀诸侯		怀诸侯则天下畏之

上表之中，1—9代表治理天下国家的"九经"，以"修身"为"九经"之首，修身方式以"致诚"为根本，需要从三德（知、仁、勇）和五伦做起。其中从亲亲、尊贤一直到怀诸侯的过程，体现了与《大学》相近的思路，只是表述不同而已。

虽然第20章是在孔子回答哀公问政时提及修身的，但如果我们放眼全书，可以说《中庸》中的修身主要是君子之事（在第20章中也讲"君子不可以不修身"），君子包括但不限于国君。

8.君子

我们说《中庸》的宗旨是以修身实现至德/圣德，所以君子较为关键。君子是修身的主体，没有君子来做，一切成空。《中庸》行文的一大特点是，在讲完一番道理后，立即称"故君子××""君子××"。今统计，"君子"在全书出现34次，而"故君子"出现达16次之多，"君子之道"出现7次。

可以说，《中庸》虽大量以舜、文、武、周公、孔子为说，均可看作为君子树立榜样，但最终落脚点却是君子。虽然郑玄称此书以"昭明圣祖（孔子）之德"，然昭明圣德亦是为君子提供指南。故第27—29章极称君子，有所谓"君子尊德性而道问学，致广大而尽精微，极高明而道中庸，温故而知新，敦厚以崇礼"；"君子之道，本诸身，征诸庶民，考诸三王而不缪，建诸天地而不悖，质诸鬼神而无疑，百世以俟圣人而不惑"等说法。第四部分在讲完"仲尼""至圣""至诚"之后，第33章即全书最后一章大量引《诗》，其中"君子"一词出现达7次之多，皆体现作者以君子修身立德，从而实现天下治平的中心思想。

从全书来看，"君子"一般不代表国君。在君子概念的34次使用中，只有第20章回答鲁哀公问政时说"故君子不可以不修身……"，此处君子似乎指国君。但在其余所有场合，均非如此。下面细析各部分君子思想：

第一部分（第1—11章）：主要从内在修养的角度讲君子。其中首章从慎独讲君子，使用"是故君子""故君子"句式，"君子"2见；第2章从中庸讲君子，"君子"3见；第10章称君子居"南方之强""和而不流"，第11章称君子"遵道而行""依乎中庸"。

第二部分（第12—20a章）：此节以在人伦中修道

为主题，其中第12—15章论君子较为集中，而内容往往体现直接讲"君子"，采用"故君子……"句式反而较少（仅4见），特别是第12、14、15章直接以"君子"开头，完全是表达个人立场的判断句式。其中第12章论"君子之道费而隐"（"君子"3见），第13章论"君子以人治人"（"君子"3见），第14章论"君子素其位而行"（"君子"4见），第15章论"君子之道""必自迩"。第16—19章论鬼神、舜、文、武、周公之德，"君子"出现少（仅第16章引《诗》"嘉乐君子"1见），第20章答哀公问政，"君子"也只出现一次。第二节"君子"凡13见，其中11次见于第12—15章。

第三部分（第20b—26章）：此节以诚明为中心，有天之道与人之道两条线索，"君子"只出现一次（第25章），称"是故君子诚之为贵"，与整节"诚之者"与"诚者"二分对应。

第四部分（第27—33章）：本节集中阐述圣德/至德思想，为全书的高潮和归宿。虽基本上围绕着周文王和孔子展开，但是每次在讲完"周文""仲尼""至圣""至诚"之后，立即以"故君子""是故君子"点题。其中第27章以周文王"至德"称"故君子尊德性而道问学"，第29章从三王之道得出"君子之道本诸身……"（"君子"3见）。第33章即全书最后一章大量引《诗》，其中"君子"一词出现达7次之多，可以说真正体现出作者以君子修身立德，从而实现天下治平的中心思想。

9.诚化（微显）

读过《中庸》的人都对此书有关"诚"的论述印象深刻，从第21章至第26章基本上是集中于论述"诚"，此外第20b/c章、第32章也论述"诚"。事实上，"诚"绝不是只在《中庸》中受重视，《大学》讲"诚其意"，《孟子》《周易·文言》《礼记·礼器》《荀子·不苟》《逸周书·官人解》《大戴礼记·文王官人》等先秦文献也都论述到诚，且有与《中庸》相似的思想。下面我们重点谈谈如下几个问题：一、诚之义，二、诚与慎独，三、《中庸》论诚，四、诚化与微显问题。

首先，古人多以"实"解"诚"。《说文解字》："诚，信也。"南宋毛晃《增韵》："诚，纯也，无伪也，真实也。"宋人朱熹以"真实无妄"释之。大体来说，诚就是真实、可信的意思。

不过，在《中庸》一书中，"诚"有特殊的意思，需要特别重视。因为"诚"首先被当作一种修身方法，主要是慎独的方法来对待，针对君子而言的。虽然《中庸》首章未提"诚"，而只讲到慎独，但一般都认为后面大量关于诚的论述是紧扣着前面的慎独而来的。这是因为一方面，《大学》、《荀子·不苟》以及《礼记·礼器》郑玄注都以诚解慎独；另一方面，《中庸》论诚时明确提到"诚者天之道，诚之者人之道"，"诚者自成，而道自道"，这就与首章"率性之谓道，修道之谓教"相呼应，而首章是从慎独讲修道的。

作为一种修身方法的诚，即君子的致诚功夫，含义是什么，书中其实并无明确交代，但我理解就是指内心用诚，即慎独所讲的"戒慎乎其所不睹，恐惧乎其所不闻；莫见乎隐，莫显乎微"。

那么，为什么《中庸》又讲"诚者，天之道"呢？这涉及全书论诚的两个层面，前面在表3、表6中均已提到。这两个层次就是，针对圣人与君子，在诚方面表现不同。圣人"不勉而中""从容中道"，可以率性而为（首章"率性之谓道"），自然而然地符合天道，故称"诚者，天之道"，因圣人"生而知之"，属于"自诚而明"；君子克己慎独，修道为教，需要"博学""审问""慎思""明辨""笃行"，故称"诚之者，人之道"，因君子"或学而知之，或困而知之"（第20a章），属于"自明而诚"。

《中庸》还认为，诚是"成己""成物"的必由之路。这要以直接从其人性观出发来理解。因为诚者率性而行，诚合乎天性，故能成己；又慎独使人"发而皆中节"，必合乎万物天性，故又能成物。

《中庸》在论述诚的时候，另一个十分重要的思想，我称为"诚化"思想，亦可称为"微显"思想。关于"诚化"，《中庸》中有"唯天下至诚为能化"，"诚则形，形则著，著则明，明则动，动则变，变则化"，又说"唯天下至诚"，"可以赞天地之化育""知天地之化育"。《荀子·不苟》也说"不诚则不能化万民"。所谓"诚化"，是指诚，也可以说是慎独，具有无限神奇的效力，当然是就治国平天下方面而言的。不过这里有一个环节，就是立德。在《中庸》中，慎独/致诚都是为了立德，亦即确立德性。因此，诚化也可以说是德化，即《中庸》所谓"大德敦化"。

诚化思想由于与慎独密不可分，也常常被从"微显"的角度来论述。"微"见于首章"莫见乎隐，莫显乎微"，主要针对个人内心的欲念及其在外部现实中产生的实际效果，即《大学》所谓"诚于中，形于外"，亦即《孟子·离娄上》所谓"至诚而不动者，未之有也"的思想。《中庸》不仅在首章讲微显，而且在第16章从诚的角度论微与显，称"夫微之显，诚之不可揜"，在第33章称"君子之道""知微之显，可与入德矣"。当然，慎独主要涉及"诚之者"，但"诚者"无疑有更大的诚化效应。

为什么"诚"具有巨大的效应？这一点，我认为可结合慎独的含义来理解。我们前面说过，慎独本义是指在内心充分地面对他人，以此为标准来处理个人的欲念和想法。这意味着，诚建立在对他人充分的理解和尊重基础上。所以，自然可以理解，一个人的诚会感动他人，从而产生强大的社会效应。

下面我们来具体分析《中庸》中的微显/诚化思想。

首章称"莫见乎隐，莫显乎微"，乃首提隐微之理，后接"致中和"而天地位、万物育，暗喻隐见、微显之理。

第12章"君子之道费而隐"，其中"费"，毛奇龄认为指"显"，后面讲君子之道"语小天下莫能破"，即指"隐"；"语大天下莫能载"，即指显。因此，此处费、隐对应于首章"隐见""微显"之理。

第16章讲鬼神之德及"夫微之显""诚之不可揜"，已展现诚化思想。

第22章论至诚尽性可尽人物之性，直至赞天地化育，与第25章成己而后成物一致。

第23章进一步从形、著、明、动、化论"唯天下至诚为能化"，是这一思想最明确的表述。

第24章论至诚可感动天地神灵。

第26章论至诚无息，体现为久、征、悠远、博厚、高明，故由一诚可尽天地之道，"为物不贰，则生物不测"，"如此者，不见而章，不动而变，无为而成"。

第29章称君子动、行、言而影响至天下，虽不是从诚出发，亦是谈修身立德之神奇功效。

第31章称至圣"见而民莫不敬，言而民莫不信，行而民莫不说"及"声名洋溢……施及……"。

第32章讲化育亦与此有关。

第33章各小段几乎全部在讲诚化思想（或称微显思想），而落脚于慎独（功夫），点明德的重要（最后三小节皆提到德）。特别是最后两段"不大声以色""德辅如毛"，更是说明致诚立德效应之神奇，体现于无形。第33章可以说是对首章深度的回应，也是对首章思想的重要提升，从而彰显全书主旨。

总而言之，《中庸》论诚化即微显思想，第一节主要体现在首章，其后主要体现在第三、四两节。第二节只有一章（第16章）讲到。至末章，诚化思想被阐发到极致。

诚化思想在先秦及后世较流行，只不过在《中庸》中较为突出而已。下面略举几例：

《大学》亦有诚化思想。"诚于中，形于外，故君子必慎其独也。"诚中形外，即《中庸》第23章所谓形、著。

《逸周书·官人解》称："诚在其中，必见诸外。……心气华诞者，其声流散；心气顺信者，其声顺节；心气鄙戾者，其声醒丑；心气宽柔者，其声温和；心气中易，义气时舒，和气简备，勇气壮力。听其声，处其气，考其所为，观其所由。以其前，观其后。以其隐，观其显。以其小，占其大。此之谓视声。"①

《礼记·表记》可能出于子思（《隋书·经籍志》引沈约之言），其中有"子言之：归乎君子，隐而显，不矜而庄，不厉而威，不言而信"，与《中庸》论隐微与显明关系即慎独成效一致（"子言之"或为子思本人之言）。

《大戴礼·文王官人》从喜、怒、欲、惧、忧论隐显关系，称五气隐于内，终必显于外。故人必"诚于中"，方能避免"好恶无常"。其言曰："喜气内畜，虽欲隐之，阳喜必见。怒气内畜，虽欲隐之，阳怒必见。欲气内畜，虽欲隐之，阳欲必见。惧气内畜，虽欲隐之，阳惧必见。忧悲之气内畜，虽欲隐之，阳忧必见。五气诚于中，发形于外，民情不隐也"；"好恶无常，行身不类，曰无诚志者也"。

《易·系辞上》论远、迩关系，虽从言出发，重在"枢机"：

> 子曰："君子居其室，出其言善，则千里之外应之，况其迩者乎？居其室，出其言不善，则千里之外违之，况其迩者乎？言出乎身，加乎民，行发乎迩，见乎远。言行君子之枢机，枢机之发，荣辱

---

① 黄怀信：《逸周书校补注释》（修订本），三秦出版社2006年版，第306页。此段与《大戴礼记·文王官人》大体相同，个别字有出入。

之主也。言行，君子之所以动天地也，可不慎乎！”

此处透露出与诚化类似的思想，即以至诚之心，发而为言，可动天地，类似于《中庸》即隐而显的道理。故李光地《周易折中》卷十四《系辞上传》引汪砥之（汪邦柱）曰：“居室在阴看《中孚》者，诚积于中，在阴居室，正当慎独以修言行而进于诚也。”①

又《易·系辞下》曰“君子知微知彰”，“夫《易》章往而察来，而微显阐幽”，故《史记·司马相如列传》太史公曰：“《易》本隐以之显。”

《荀子·不苟》亦极论诚化，其中明确将诚化与慎独联系起来，这应当也是《中庸》的思想。其言曰：

> 君子养心莫善于诚，致诚则无它事矣。惟仁之为守，惟义之为行。诚心守仁则形，形则神，神则能化矣。诚心行义则理，理则明，明则能变矣。变化代兴，谓之天德。天不言而人推其高焉，地不言而人推其厚焉，四时不言而百姓期焉。夫此有常，以至其诚者也。君子至德，嘿然而喻，未施而亲，不怒而威：夫此顺命，以慎其独者也。善之为

———————

① 刘大钧整理：《康熙御纂周易折中》卷十四《系辞上传》，巴蜀书社2013年版，第507页。

道者，不诚则不独，不独则不形，不形则虽作于心，见于色，出于言，民犹若未从也；虽从必疑。天地为大矣，不诚则不能化万物；圣人为知矣，不诚则不能化万民；父子为亲矣，不诚则疏；君上为尊矣，不诚则卑。夫诚者，君子之所守也，而政事之本也，唯所居以其类至。操之则得之，舍之则失之。操而得之则轻，轻则独行，独行而不舍，则济矣。济而材尽，长迁而不反其初，则化矣。

又《荀子·劝学》称"声无小而不闻，行无隐而不形"，《儒效》称"君子隐而显，微而明，辞让而胜"，儒者"虽隐于穷阎漏屋，人莫不贵之，道诚存也"，皆是其例。

董仲舒《春秋繁露·二端》称《春秋》"贵微重始，慎终推效"，知"小大微著之分"，"览求微细于无端之处，诚知小之将为大也，微之将为著也"，"圣人能系心于微，而致之著也"[1]。《二端》以小、微为二端，以"诚知"其效。《爵国》亦曰"凡百乱之源，皆出嫌疑纤微，以渐浸稍长，至于大"，亦是论知微著之理。[2]

---

① 苏舆：《春秋繁露义证》，钟哲点校，中华书局1992年版，第155页。
② 《淮南子》亦有类似的思想。《泰族训》称："圣人怀天气，抱天心，执中含和，不下庙堂而衍四海，变习易俗，民化而迁善，若性诸己，能以神化也。""执中含和"指示内心，而能实现"变习易欲，民化迁善"，称之为"以神化"。

东汉徐幹《中论·法象》称："夫幽微者，显之原也。孤独者，见之端也。胡可简也，胡可忽也。是故君子敬孤独而慎幽微。虽在隐蔽，鬼神不得见其隙也。"此段幽微与孤独并举，既读独为孤独，则幽微当指人所不睹不闻，故后称"鬼神不得见其隙"。

北齐刘昼《慎独》篇将不睹不闻理解为不为人所睹、不为人所闻，将隐微理解为不睹不闻。引"颜回不以夜浴改容""句践拘于石室，君臣之礼不替；冀缺耕于堈野，夫妇之敬不亏"为例，称他们"不以视之不见而移其心，听之不闻而变其情"[1]，故"暗昧之事，未有幽而不显；昏惑之行，无有隐而不彰"[2]。

10. 道

"道"是《中庸》的核心范畴之一。"道"与"德"在全书中交替出现，为全书双重奏，这也是有些学者的看法。例如，朝鲜学者权近认为："自首章至三十二章，总论大旨，则不过言道、言德。"[3]大体上说，道、

① 王叔岷：《刘子集证》，中华书局2007年版，第52页。
② 王叔岷：《刘子集证》，中华书局2007年版，第52页。
③ 权近：《中庸首章分释之图》，王军点校，见张立文、王国轩：《国际儒藏·韩国编·四书部·中庸卷（1）》，华夏出版社、中国人民大学出版社2010年版，第7页。其说出自宋末番阳李思正，亦可通。具体地说，第1至第20章"以道言"，第21至第32章"以德言"；前者"极于孔子之至圣，君子之实学"，后者"极于圣人之天、盛德之极致"。

德的含义一偏外，一偏内；一重客观，一重主观。这是因为道有道路、法则、道理的意思，德有品质、修养、德性的意思。

客观地看文本，可以说，"道"明显比"中"重要得多。故根据我的考订，"中庸"一词实指中乎道。我觉得我们必须明确一点，如果中庸是指中乎道，那么真正重要的就是道而不是中。中就失去了作为一个独立范畴的意义，而仅仅是一个助动词（仅读去声）。作者的目的在于为中庸确立一外在目标，以免孟子所谓"执中无权，犹执一也"的困境（《孟子·尽心上》）。第1章就讲"修道之谓教""道也者不可须臾离也"，第4章在讲完"中庸其至矣乎"后讲"道之不行也"，第5章更是感叹"道其不行矣夫"，第11章讲"君子遵道而行"。第1—11章主题一般认为是论述"中庸"的，特别是第2—11章如此。然而，其论中庸的同时，不断穿插的话题是"道不可离"（首章）、"道之不行""道之不明"（第4章）、"道其不行"（第5章）、"遵道而行"（第11章）。尤其第4、5、11章述道之重要，为论中庸之义时展开，其显示以道为"中"（不偏）之标准之义甚明。至第20c章论诚者"从容中道"，似乎暗示"中庸"即"中乎道"。

至第12章以下，文本所讲的"道"包括："君子之道""圣人之道""天地之道""至诚之道""外内之道""人之道""天之道""古之道""修道""为道""违道""有道""无道""至道""达道""此道"，等等。全书"道"总计出现达55次之多，从头贯穿到尾，充分体现了对道的重视。

大体来说，"修道"是偏重在人伦日用中修身之意，尤其在第二节（第12—20a章）体现最为明显。"修身以道，修道以仁。仁者人也，亲亲为大"（第20a章），体现了修道与慎独含义的细微之别。即修道偏重外，慎独、致诚偏重内。"修道"始见于首章"修道之谓教"句，盖寓意君子唯修道始可教化，亦向外之义。从全书思想倾向看，修道是强调从外在关系即人伦日用中立德。盖作者认为，"性之德合外内之道"（第25章），内修是根本，外修是条件，立德是旨归。内修包括慎独、致中和，包括致诚、自诚明；外修包括五伦、行忠恕，包括孝悌、行九经。

统计《中庸》对"道"的论述如下：

"率性之谓道"（第1章）；

"天下之达道"（第1章）：从慎独言，指"和"（发而皆中节）；

五达道（第20a章）："君臣也，父子也，夫妇也，昆弟也，朋友之交也""五者天下之达道也"；

"君子之道"（7见）：费而隐（第12章）、造端乎夫妇（第12章）、所求乎人而已不能（第13章）、行远自迩（第15章）、本诸身征诸庶民（第29章）、闇然而日章（第33章）、淡而不厌（第33章）；

　　"小人之道"（第33章）：的然而日亡；

　　"圣人之道"（第27章）：礼仪三百、威仪三千；

　　"天之道"（第20c章）：诚者；

　　"人之道"（第20c章）：诚之者；

　　"天地之道"（第26章，2见）：从宇宙生化言；

　　"外内之道"（第25章）：指性之德能成己与成物；

　　"至道"（第27章）：苟不至德，至道不凝焉；

　　"率性之谓道"（第1章）；

　　"修身则道立"（第20a章）；

　　"修身以道"（第20a章）；

　　"人道"（第20a章）：为政之道；

　　"地道"（第20a章）：万物之道；

　　"内外之道"（第25章）："性之德也，成己仁也，成物知也"；

　　"至诚之道"（第24章）："可以前知"；

　　"古之道"（第28章）：三代之道；

　　"道不远人"（第13章）："君子为道而远人，不可以为道"；

　　"道也者不可须臾离也"（第1章）："莫见乎隐，莫显乎微"；

"道并行而不悖"（第30章）："辟如四时之错行，如日月之代明"。

此外还有动宾结构："修道"（首章、20a）、"为道"（13，2见）、"有道"（10、20b，4见）、"无道""中道"（20c）、"违道"（13）、"遵道"（11）、"无道"（10，2见）、"非道"（首章）。其他表述则有："道之（其）不行/不明"（4、5，3见）、"道前定"（20a）、"道自道也"（25）、"果能此道矣"（20c）。

此外，朱熹认为，《中庸》全书从第21章至第32章，全部贯穿了天之道/人之道交替互见的变奏。此说虽有道理，但饶鲁、李思正、权近等人已指出，"言天道、人道于二十六章而住"，此后以大德、小德为重心，甚有道理。今按：诚如朱子、毛奇龄等人所指出的，天之道、人之道即诚者、诚之者，分别对应于圣人（生知安行）、贤者（学知利行、困知勉行），亦与首章"率性""修道"分别对应。今列关系如下（最后一列为所在章号）：

表7　天之道与人之道

天之道	人之道	20c
圣人	君子	20c
率性	修道（教）	1

续表

诚者（诚明）	诚之者（明诚）	20c，21—26①
生知	学知、困知	20a
安而行之	利而行之、勉而行之	20a

方按：朱子《章句》以天理、人欲之对分释诚者、诚之者。谓"诚者，真实无妄之谓，天理之本然也。诚之者，未能真实无妄，而欲其真实无妄之谓，人事之当然也"，"未能至于圣，则不能无人欲之私，而其为德不能皆实"。

联系《中庸》下面各章大段讲君子诚之、致诚，与首章慎独相呼应，其中强调诚化之效，皆体现《中庸》前后一致线索。

11.德

"德"是殷周之际兴起的核心范畴，与周人重视德有关，从此成为中国文化的最核心价值之一，其地位与"自由"在西方现代文化中的地位相匹配。

德与道的含义有所区别。古人少将道、德合用，

---

① 具体地说，第22、24、26章论诚者、天之道；第23、25章论诚之者、人之道。而朱子则认为第27、28、29章亦皆人道，第30、31、32章皆论天道。然承饶鲁、李思正、权近之说，第27章以下，未明言天道、人道，而以大德、小德为主。故不取朱子。

即"道德"一词合用少见，即使有，也是指"道+德"，而不是现代汉语中的道德。要特别注意，古人所说的"德"不同于现代意义上的"道德"，后者来源于西方"morality""morals"等，偏重指外在行为规范。古人所说的德主要指内心品质，更近于今日"德性"一词。前面已提及，古人将德与道分而论之。

德的建立也主要靠内心功夫，即所谓慎独/致诚。这一点也体现在《易·文言》《荀子·不苟》等书中。

我们看到，全书"德"共出现22次，包括"庸德""小德""大德""令德""明德""达德""至德""天德""其德""惟德""入德""贵德""尊德""性之德""鬼神之为德""文武之德""文王之德""德为圣人""德辅如毛"等多种说法。

正如笔者在"《中庸》是一部什么书?"开头提到的,《中庸》的一个突出特点，是强调至德/圣德所具有的神奇效力，当然是指外王方面的成效。这一思路，与后来孟子、荀子等人强调"以德服人"，反对"以力服人"的思路是完全一致的。这种思想，我也称为德性权威思想。

德性权威思想可以追溯到西周铜器铭文及《尚书》等早期儒家文献中，此后把德的权威抬得最高的可能是孔子，把德的功能说得最神奇的可能是《中庸》。

《论语·为政》开篇第一句话：

> 子曰："为政以德，譬如北辰，居其所而
> 众星共之。"

此处"德"，诸家注中，我以为钱穆之解最为精当。钱云："德，得也。行道而有得于心，其所得，若其所固有，故谓之德性。为政者当以己之德性为本，即所谓以人治人也。"①综合《论语》中多处孔子对统治者自身品质的强调，我觉得读此处"德"为统治者自身品质/素养是合适的，它也体现了西周以来认为德性为成功统治的必要条件这一基本观点。孔子有所发挥的地方，也许可以这样理解：有德者在位，臣下对之衷心拥戴，主观能动性自觉调动，行为有条不紊；人民对之心悦诚服，道德自觉性充分激发，社会井然有序；故能形成所谓"众星四面旋绕而归向之"（朱熹《论语集注·为政》）的局面。总之，这段话体现了孔子对统治者德性所具有的巨大威力的认识。

在儒家经典中，对德性权威发挥到极致的就是《中庸》。《中庸》第16章（朱子分章，下同）称"鬼神之为德，其盛矣乎"，不仅表现为"视之而弗见，听

---

① 钱穆：《论语新解》，巴蜀书社1985年版，第20页。

之而弗闻，体物而不可遗"，而且表现为"使天下之人，齐明盛服，以承祭祀。洋洋乎如在其上，如在其左右"。鬼神之德的神奇威力可想而知。第27章称圣人之道由乎"至德"，故能"洋洋乎发育万物，峻极于天"。复论君子修身，有如下成效：

> 君子动而世为天下道，行而世为天下法，言而世为天下则。（第29章）
> 君子不动而敬，不言而信。（第33章）
> 君子不赏而民劝，不怒而民威于铁钺。（第33章）

君子所修乃修德也，故最后归结为：

> 《诗》曰："不显惟德，百辟其刑之。"是故君子笃恭而天下平。（第33章）

"君子笃恭而天下平"，即《论语·为政》"居其所而众星共之"，亦即《论语·卫灵公》舜"无为而治""恭己正南面而已矣"之义。可以说，《中庸》从头至尾贯穿的一个最重要线索就是修德：开头讲慎独、中和及第2—11章论中庸，均在于修身，修身所以立德；故第12章以后，论德问题逐渐呈现，其归宿则在于"大德敦化"（第30章）。

历史影响

《中庸》一书自问世以来，就受到特别关注。据载《汉书·艺文志》"礼类"中有《中庸说》二篇，也许是最早专门解释子思《中庸》的论著，其成书年代也许在战国时期，至少不晚在西汉。尽管许多人认为，《中庸说》应该就是我们今天看到的《中庸》原本，但问题在于，如果此书是子思所作之《中庸》，为何不放在《汉书·艺文志》所列《子思子》23篇中？既然《子思子》为子思作品集，理应包含司马迁所载、子思所作之《中庸》。因此，不能完全排除《艺文志》"礼类"所列的《中庸说》，乃最早的解说《中庸》之作的可能。

此后，由于《中庸》被收入《小戴礼记》之中，曾长期作为《礼记》中的一篇而被注意，而不是作为单篇著作流传。今天所见最早的《中庸》注解见于东汉经学家郑玄《礼记注》。但到了南北朝时期，随着佛、道的兴起，《中庸》因此受到儒者的特别关注，又开始出现专门的《中庸》解说著作。南朝刘宋期间，戴颙（378—441）著有《礼记中庸传》二卷，这应当是迄今可考、无争议的《中庸》最早的单行本。同样，南朝萧梁期间，梁武帝萧衍（464—549）著有《中庸讲疏》一卷、《私记制旨中庸义》五卷。此三书皆从佛教思想解《中庸》，见于《隋书·经籍志》，今皆亡佚。

到了唐代贞观年间，朝廷主持编纂了《五经正义》，作为官方定本与科举考试的参考书。其中《礼记正义》获得了"经"的地位，随着《礼记》的"升经"，《中庸》也随之水涨船高，越来越受到重视。[1]《五经正义》作为唐代科举取士的参考书，朝廷以之命题，因此士人争相诵习，这也进一步推动了学者对《中庸》一篇的关注。如韩愈（768—824）在贞元九年（793）参加科举考试时，虽然考题出自《论语》"颜子不贰过"，但他通过阐发《中庸》思想来应答。贞元十九年（803）的明经科考试，其中一题便直接出自《中庸》。此外，唐代文学家梁肃（753—793）曾撰写《止观通例》一文，其中两次引用《中庸》原文。泉州历史上首位进士欧阳詹（755—800）则作有《诚明论》一文，用以阐发《中庸》思想。与韩愈同为唐宋八大家的柳宗元（773—819），则著有《吏商》一文，阐发了《中庸》中的"诚明""明诚"的思想。韩愈的侄婿兼弟子李翱（772—841）则不仅撰有《复性书》，通过讲"喜怒哀乐之未发"来阐发人性、性情等问题，还直接著

---

① 《礼记正义》以南宋抚州本为最善，有《古逸存书三编》影印本。《礼记正义》版本以南宋刊单疏本最为珍贵，收录于《四库丛刊三编》，今仅存八卷。越州八行本价值仅次于单疏，且全书七十卷完备。今天学者若读《礼记》郑注，当以越州八行本为善。越州八行本《礼记》中，《中庸》分属两篇，位列卷五十二、五十三。

有《中庸疏》一卷，作为《中庸》文本的疏解。

通过唐代《礼记》的"升经"和唐代学人的接引，《中庸》在宋代的影响蔚然成风。北宋初年，天台宗僧人智圆自号"中庸子"，并为自己作传记《中庸子传》，自白"砥砺言行，以庶乎中庸，虑造次颠沛忽忘之，因以中庸自号"。另一位僧人契嵩也同样重视《中庸》，作《中庸解》一文，批评郑玄未抓住《中庸》要义，认为《中庸》讲"性命之说"，这对后来的理学家解读《中庸》产生了重要影响。此外，北宋朝廷也非常重视《中庸》。如宋真宗时，曾有省试用《中庸》命题，范仲淹的考题便是"自诚明谓之性"。皇帝也有手书《中庸》赐给进士的传统，如宋仁宗赐给新科进士《中庸》，对于激励士风产生了很大影响。作为北宋五子的张载，早年醉心于兵学，并到边关拜谒范仲淹，希望能够投笔从戎，但范仲淹却说："儒者自有名教可乐，何事于兵！"劝诫他回去好好研究《中庸》。通过这些例子，我们也可以看出，《中庸》在北宋知识群体中已经产生了较大的影响，阅读、研习《中庸》俨然成了一种风气。

在这种风气的影响下，宋代儒者深入研究《中庸》，产生了一大批阐释、注释性著作。如作为"宋初三先生"之一的胡瑗便著有《中庸义》一书，史学家司马光也著有《中庸广义》一书，张载弟子吕大临则著有《中庸解》一卷。此外，"二程"的老师周敦颐则著有《通书》，发挥了《中庸》"诚"的思想，以至于有"《通书》者，《中庸》之注脚"之说。到了南宋，程门弟子杨时、游酢分别著有《中庸解》一卷、五卷，朱熹友人石𡼋则著有《中庸辑略》一书。这之后便产生了《中庸》学史上的典范之作，即朱熹所作的《中庸章句》一书。同时，为配合《中庸章句》，朱熹还作了《中庸或问》一书，用于说明《中庸》的每章每句何以如此解释的原因。就《四书章句集注》而言，朱熹生前一共刊刻过四次。淳熙九年（1182），朱熹在浙东提举任上首次刊刻《四书》，今称为宝婺本。此次刊刻意义重大，朱熹首次将《大学章句》《中庸章句》《论语集注》《孟子集注》合刊在一起，称为《四书》。自此，经学史上与"五经"并称的"四书"之名首次出现，此后四书的地位甚至凌驾于五经之上。对于宝婺本，朱熹并不满意，后来又做了大量修订。淳熙十二年（1185），修改了一次；淳熙十三年（1186），又做了一次大的修改。这两次修改之后，由詹仪之印刻于广西静江，赵汝愚印刻于四川成都。淳熙十五年（1188），朱熹又做了一次大修改，淳熙十六年（1189）己酉正式序定，但并未印刻。绍熙三年（1192）由南康守曾集刊刻行世，在庆元党禁中遭毁。南康本虽然不是最终定本，但在朱熹生前流行最广。此后，朱熹又对南康本进行了修改，于庆元五年（1199）刊刻于建阳。在庆元本刊刻不久之后，朱熹便去世了。因此，庆元本可以说是朱熹的晚年定本。朱熹去世后，历经宋元明清六七百年，《四书章句集注》不断被印刻。今天学术界通用的"新编诸子集成《四书章句集注》"所用的底本便是嘉庆十六年（1811）瑛川吴志忠校刊本。

元仁宗以降，将《四书章句集注》作为科举取士的范本，对此后600年来的士人思想产生了重要影响。继《中庸章句》之后，学者们纷纷为《中庸》作注，但大都不出朱子学的范围。自吴澄、陈澔以后，学者在注解《礼记》时，仅注47篇，对于《大学》《中庸》仅存其目，皆以朱子《章句》为准。查阅《四库全书》经部四书类目录，便知《中庸》注本汗牛充栋、浩如烟海！直到清代考据学的兴起，才摆脱了朱子学的束缚，对于《中庸》文本、训诂与思想方面的研究才取得了突破。其中较为可观者，如阎若璩、王念孙、毛奇龄、俞樾、翟灏等人。需要注意的是，在明代以后，逐渐出现了《中庸》重返《礼记》运动。据石立善考察，这一运动最初由祝允明、郝敬和王夫之提倡，在雍正、乾隆年间官方修撰的《礼记义疏》中，《中庸》正式重返《礼记》。①《中庸》虽然重返《礼记》，但不过是形

---

① 　具体内容，参考石立善：《〈大学〉〈中庸〉重返〈礼记〉的历程及其经典地位的下降》，载《国学学刊》2012年第3期。

式上的回归。就实质而言，自朱熹之后，尚未有学者能够撰写出一部在训诂和思想上超越朱熹《中庸章句》的著作。清代学者，包括民国以降直至今天，我们注解《中庸》依然是以朱熹《章句》为主，旁采郑注、孔疏，以及部分清人观点。但就系统性和深刻性而言，无有能出《中庸章句》之右者。

到了民国，随着经学的解体，《中庸》由"经"变为了"经典"。这便意味着《中庸》不再是永恒不变的法则，而是成为有助于提升我们修养的人生哲学。其中，民国时期的《中庸》注本当以唐文治的《中庸大义》、顾实的《中庸郑注讲疏》、蒋伯潜的《中庸读本》（合编于《四书读本》）、宋天正的《中庸今注今译》（王云五主编，全本为《大学中庸今注今译》）等为善。

海外流传

《中庸》思想的深刻性及其经典地位的确立，不仅对于中国产生了深远影响，还远播海外，对于韩国、日本、越南等东亚、东南亚国家，英国、法国、美国等欧美国家产生了深远影响。

韩国《中庸》学的研究，如果从高丽王朝末期的权近（1352—1409）所作的《中庸首章分释之图》、李彦迪（1491—1553）所作的《中庸九经衍义》《中庸九经衍义别集》等著作算起，至20世纪中叶李琼锡（1892—1949）所作的《中庸劄疑》、李承福（1886—1961）所作的《中庸讲解》等著作为止，韩国学者关于《中庸》的注解本大概有120多部（据《韩国经学资料集成》所收录，不完全统计）。总体而言，除实学派的丁若镛所作《中庸自箴》、朴世堂所作《中庸思辨录》，古证学派的尹镌所著《中庸读书记》《中庸注解》外，大部分都严守朱子学家法，未能突破性理学的范围，少有独创之处。

日本《中庸》学的研究，除收录于《日本四书注释全书》的伊藤仁斋《中庸发挥》、荻生徂徕《中庸解》、中井履轩《中庸逢原》、大田锦城《中庸原解》、佐藤一斋《中庸栏外书》五种注本外；《续日本四书注释全书》还收录了增岛兰园《中庸章句诸说参辨》、东

《韩国经学资料集成·中庸》（一至八卷）封面（1989年版）

《日本名家四书注释全书》封面（1923年版）

条一堂《中庸知言》、海保渔村《中庸郑氏义》三种注本。此外，未收录的还有安井衡《中庸说》、中村惕斋《中庸示蒙句解》、山田方谷《中庸讲筵录》、大川周明《中庸新注》、简野道明《中庸解义》、服部宇之吉《中庸讲义》、西晋一郎《中庸解通释》、赤塚忠《中庸讲说》等著作（不完全统计）。与韩国《中庸》学研究相比，日本《中庸》注本的最大特点便是能够突破朱子学的束缚，从而在文本的考订、文字的训释和思想的阐释方面有较大创获。这应当与其没有推行科举制度与将儒学正式作为官方意识形态有密切关联，这使得日本儒学在民间有较大的自由发展空间。

越南《中庸》学的研究则比较特殊。13世纪，"四书"传入陈朝（1225—1400），成为官方意识形态。黎朝（1428—1789）建立后，官方不但尊崇儒学，还将"四书"作为科举考试的重要内容，奠定了"四书"的官学身份，从而使越南的读书人多受"四书"的影响而启蒙向学，出现了阮秉谦、吴士连、黎贵惇等名儒。与韩国儒学不同的是，越南儒学几乎是直接继承、照搬了朱熹《四书章句集注》的注解，既无"四端七情""主理""主气"之争，亦无批判、反思理学的实学取向，只是产生了将《四书章句集注》简化的《四书约解》。而简化的目的无疑是让"四书"变得更加通俗易懂，更适合于学生学习经典。由于越南照搬了中国的科举制度，且执行更为严格，所以其《中庸》学基本是朱子学的"翻版"，只不过将其简化或通俗化重新表述，以适应科举考试或启蒙教育的需要，在理论上基本没有多大创获。基于这个原因，越南历史上出现了黎贵惇（1727—1784）《四书约解》（现存最早）、裴辉碧（1744—1818）《四书节要》、阮文超《四书摘讲》等系列著作（《中庸》收录在内）。

至于欧美《中庸》学的研究，则要从16世纪末（明末）来华传教的耶稣会传教士罗明坚（Michele Ruggieri）、利玛窦（Matteo Ricci）开始算起，他们是最早用西班牙文、拉丁文翻译《中庸》（合在《四书》中；其中罗明坚译本为未出版手稿，直至20世纪后才被重新发现、重视），并向西方世界传播儒学的天主教学者。在利玛窦的影响下，意大利耶稣会士殷铎泽（Prosper Intorcetta）也来华传教，并用拉丁文翻译了《中庸》，收录于《中国的政治道德学》（*Sinarvm Scientia Politico-Moralis*）一书，该书内附法文和拉丁文《孔子传》（约有8页）以及《中庸》拉丁译文（约有54页），并于康熙六年（1667）和八年（1669）分别刻于中国广州和印度果阿。1672年，殷铎泽在巴黎出版了法文版《中国的政治道德学》，更名为《中国之科学》；其中，《中庸》及《孔子传》较中国广州、印度果阿版有较大改进。1691年，《中庸》的首个英译本在英国伦敦出版，译者为弗雷泽（J. Fraser），书名为《孔子的道德》(*The Moral of Confucius，A Chinese Philosopher Who Flourished above Five Hundred Years before the Comings of Our Lord and Saviour Jesus Christ*)，该译本是在1688年西蒙·富歇（Simon Foucher）法译本的基础上翻译而成；而法译本则译自1687年耶稣会士柏应理等人翻译的拉丁文本《中国哲学家孔子》(*Confucius Sinarum Philosophus，Sive，Scientia Sinensis Latine Exposita*)。英、法译本的出版扩大了《中庸》的传播与阅读范围，使更多的欧洲人得以了解《中庸》与儒学。1828年，高大卫（David Collie）的《四书》英译本出版，该书是第一部直接从中文翻译过来的《中庸》英译本。理雅各是第一个系统翻译中国古代经典的西方传教士，为中西文化交流做出了巨大的贡献。就《中庸》而言，理雅各先后翻译出版了四个版本的《中庸》英译本。第一个版本收录于《中国经典》（七卷本）(*The Chinese Classics with a Translation，Critical and Exegetical Notes，Prolegomena，and Copious Index Prolegomena，and Copious Indexes in Seven Volumes*)，于1861年由伦敦Trübner & CO.事务所出版，《中庸》书名译为 *The Doctrine of the Mean*（《中道的学说》）；第二个版本收录于《中国经典》（第二版）第一卷《孔子的生平与学说》(*The Life and Teachings of Confucius*

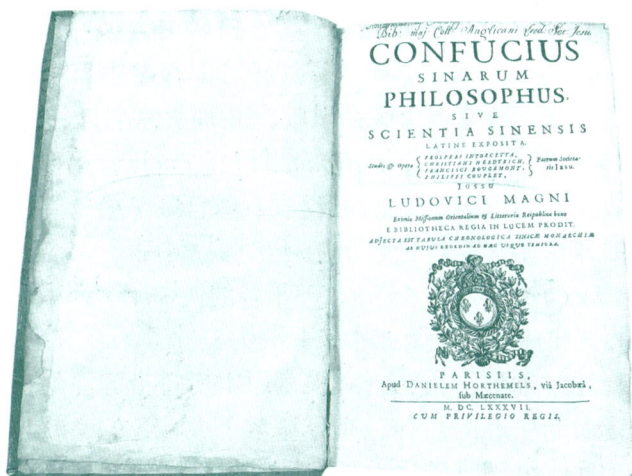

17世纪欧洲介绍孔子及儒家著述的最完备书籍《中国哲学家孔子》拉丁文版,1687年在巴黎出版,这是第一部儒家三大经典著作(《论语》《大学》《中庸》)的西方译本,由欧洲耶稣会士〔意大利〕殷铎泽(Prospero Intorcetta, 1625—1696)、〔比利时〕柏应理(Philippe Couplet, 1623—1693)、〔奥地利〕恩理格(Christian Herdtrich, 1624—1684)和〔比利时〕鲁日满(François de Rougemont, 1624—1676)共同编译完成

with the Explanatory Notes），于1869年由伦敦Trübner & CO.事务所出版，《中庸》英译本书名为*The State of Equilibrium and Harmony*；第三个版本收录于马克斯·穆勒（F. Max Muller）主编的"东方圣书"（The Sacred Books of the East）系列第二十八卷中，于1885年由牛津克拉伦登出版社出版，《中庸》书名译为*Kung Yung or the State of Equilibrium and Harmony*；第四个版本收录于《中国经典》（五卷本，修订版）第一卷，于1893年由牛津克拉伦登出版社出版，《中庸》书名译为*The Doctrine of the Mean*。理雅各的《中庸》译本均以朱熹《中庸章句》为原本，共分为33个章节。其翻译、注释非常细致丰富，既有朱熹原本所自带的注释，也有译者新增补的注释，充分显示了理雅各的文献与考据功底。继理雅各之后，欧洲又出现了辜鸿铭、赖发洛、经乾堃等学者的英译本。

从19世纪30年代末开始，美国《中庸》研究兴起，迄今已有20多个译本。1848年，美国汉学奠基人卫三畏在《中国总论》中专列一章介绍"四书五经"等中国经典，肯定《大学》《中庸》等道德哲学著作在构建"民族意识"方面的贡献。严格说来，美国《中庸》研究的萌芽始于林语堂编辑并合译的《孔子的智慧》（*The Wisdom of Confucius*），其中包括《中庸》在内；1938年收入"兰登书屋"（Random House），作为文学作品在美国纽约出版，1966年再版；21世纪出版电子书版本（Kindle Edition）。林语堂的《中庸》译本在辜鸿铭《中庸》译本的基础上进行了修改，删除了辜氏的注释，将朱熹的《中庸章句》重新划分为10个章节，对部分核心术语进行了重译。《孔子的智慧》属于介绍性评论读物，《中庸》则在辜氏译本的基础上修改而成，并不能算是真正意义上的独立译本。

真正意义上的独立译本则始于修中诚（Ernest Richard Hughes），修氏为英国人，来华传教后回到牛津大学担任中国哲学与宗教讲师，退休后在美国多所大学任教。其《中庸》译本收录在合译本（*The Great Learning and Mean-in-Action—Newly Translated from the Chinese，with an Introductory Essays on the History of Chinese Philosophy*）。修译本以阮刻本《十三经注疏》为蓝本，含有序言、注释、脚注和附录等部分。1942年由 J. M. Dent & Sons Ltd. 公司在英国出版，1943年由 E. P. Dutton 公司在纽约出版，1979年由 AMI 出版社在纽约重印。此后，又出现了庞德、莫兰、陈荣捷、安乐哲、浦安迪等20多个译本。

总之，截至目前，欧美国家的英译本约有30种，全译本则有十几种。在全译本中，则以1861年理雅各（Jams Legge）译本、1906年辜鸿铭译本、1963年陈荣捷译本和2011年安乐哲与郝大维译本影响最大。

理雅各英译《礼记》
（1885年初版，1996年重印）

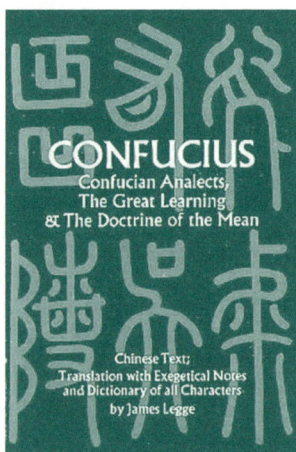

理雅各《中庸》英译本封面
（1971年版）

安乐哲、郝大维《中庸》
英译本封面（2001年版）

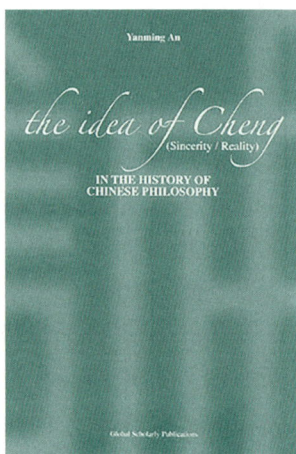

安延明《中国哲学史上诚的观
念》英文原版封面（2005年版）

读书方法

笔者早年算是从《大学》《中庸》等经典进入儒学的。根据我当年学习《中庸》的体会，我认为学习《中庸》最好的方法可能是先背诵，包括死记硬背在内。不过，虽然《中庸》只有3500多字，毕竟分为33章，一下子可能背不完。在这种情况下，可以有选择性地先背诵一部分。当然，背诵的同时，可以通过前人注解粗知其义。

对于很多希望深度学习此书的人，我觉得应该从古人注解读起。其中《礼记正义》（又称《礼记注疏》）所收的郑玄注、孔颖达疏《中庸》注疏部分，仍是迄今为止最早也是最重要的完备注解本。此后最可参阅的书自然是朱熹的《中庸章句》，收在其《四书章句集注》中，坊间有多个版本，一般以中华书局所出本为善。后世学者的注解，像唐文治《中庸大义》、顾实《中庸郑注讲疏》、钱穆《中庸释义》、蒋伯潜《中庸读本》等书均是可信的参考读本。

本书希望在各种现当代注本基础上，给初学者提供一个《中庸》的入门读本。本书的特点有如下几点。

第一，通过导论，将《中庸》所涉及的所有重要问题详尽介绍说明，这样读者可以在阅读此书之前，对其背景、来源、概念、内容、宗旨、结构、问题、注意事项等有一个全面了解。这一部分希望读者一定要注意认真阅读，对于后面的进一步阅读有较大帮助。

第二，在注释和解读部分，我们希望尽可能地吸收宋代以来所有最重要的研究成果。毕竟郑玄、孔颖达的注疏距今一两千年，朱熹的章句距今也有800多年。特别是明清以来，包括中国、日本、韩国甚至欧美学者在内，在《中庸》研究上取得了不少成果。我们需要一部充分吸收这些前人成果的新注解。本书希望担此任务，尽管出于通俗考虑，我们在注释中没有详细交代出处或考证分析，但我们的注释确实是在较全面地研读上述前人成果基础上做出的。

第三，本书亦希望建立在对《中庸》全书思想一整套自己的前后连贯一致、见解新颖独特的理解之上，以此为准来进行注解。这一点，读者可从阅读本导论及各章解读中发现。我们的新见解，体现于对全书结构、宗旨、全书线索思路、包括"中和"在内的若干概念的看法上，读者可留意。

《中庸》注解

一

中庸

第一部分为第1章至第11章，以中庸为宗旨。其中第1章按照朱熹的说法为"子思述所传之意以立言"，即子思在其祖父孔子思想的基础上进一步作了阐发；"其下十章，盖子思引夫子之言，以终此章之义"，即第2章至第11章为子思引述孔子之言来深入阐释首章的含义。

1. 天命之谓性❶，率性之谓道❷，修道之谓教❸。道也者，不可须臾❹离也，可离非道也。是故君子戒慎乎其所不睹，恐惧乎其所不闻❺。莫见乎隐，莫显乎微，故君子慎其独❻也。喜怒哀乐之未发谓之中，发而皆中节谓之和❼。中也者，天下之大本也；和也者，天下之达道❽也。致中和，天地位焉，万物育❾焉。

【注释】

❶天命之谓性：此句为主谓结构，命在这里用作动词，即赐予、赋予之义。天命即天所赋予；性，指人的本性。合而言之，即指天所赐予人的禀赋。此句与《郭店简·性自命出》"性自命出，命自天降"相似。

❷率性之谓道：率，遵循；道，本义指道路，引申为人所当行的道路、原则，即人道。郑玄注："率，循也。循性行之，是为道。"朱熹注："率，循也。道，犹路也。"

❸修道之谓教：修，修明。郑玄注："修，治也。治而广之，人仿效之，是曰教。"朱熹注："修，品节之也。性道虽同，而气禀或异，故不能无过不及之差。圣人因人物之所当行者，而品节之以为法于天下，则谓之教，若礼乐刑政之属是也。"

❹须臾（yú）：片刻，形容时间极短。

❺戒慎：警惕谨慎。

不睹、不闻：自己所看不见听不到的地方。睹：看见，《说文》："睹，见也。"戴震《中庸补注》称《中庸》第33章

"君子之所不可及者，其唯人之所不见乎"，即是"不睹不闻"之义（《孟子字义疏证》）。荻生徂徕称其为"吾见闻知觉所不及"（《中庸解》），二人观点正相反，一以己所不见，一曰人所未见，当以戴说为是。

恐惧：畏惧、害怕。

闻：听见，《说文》："闻，知声也。"

❻ 见（xiàn）：同"现"，显现、表现。

隐：隐秘而无人知的地方。《说文》云："隐，蔽也。"《尔雅》云："隐，微也。"朱熹注："隐，暗处也。"微：细微而看不见的地方。朱熹注："微，细事也。"《说文》云："微，隐行也。"朱子《中庸章句》释"隐微"为"幽暗之中，细微之事"，荻生徂徕谓"隐微""即其所不睹不闻也"。隐微当指人所不闻不见而独存于己心之私心贪欲萌芽。

慎、独：指自己在别人看不见、不了解的情况下如何处理自己的心理活动。朱熹注："独者，人所不知而己所独知之地也。"钱时注："独即是心之隐微，不睹不闻处。"康有为注："独者，无人之所也。"

❼ 中（zhòng）节：合乎法度，无过无不及。

中：即中正，指喜怒哀乐等内心情感未发生作用、影响时的状态。这里的"未发之中"是指圣人自然能够做到率性而行、不勉而中，从而不受情欲影响。

和：即和谐，指喜怒哀乐等内心情感发生作用、影响时，情欲适中的状态。这里的"已发之和"是指君子修道为教，做戒慎恐惧的功夫，使自己的情欲适中。

❽ 大本：表面意思是指天下万事万物的根本、基础，从全书脉络看应指政教之本或天下秩序本源。朱熹注："大

本者，天命之性。天下之理，皆由此出，道之体也。"

达道：表面上指普遍遵循的道路、法则，从全书看应指天下治理的通途或大道。朱熹注："达道者，循性之谓，天下古今之所共由，道之用也。"注意《中庸》一书以政教或天下治理为关怀，不是抽象地讨论宇宙万物来源。

❾ 致：推极。郑玄注："致，行之至也。"朱熹注："致，推而极之也。"

位：各正其位。郑玄注："位，犹正也。"朱熹注："位者，安其所也。"

育：发育、生长。郑玄注："育，生也，长也。"朱熹注："育者，遂其生也。"

【译文】

性就是上天所赐予人的禀赋，道就是人顺着本性而为，教就是人修明此道而为。道是不可以片刻离开的，可以离开的就不是道了。所以君子警戒谨慎于别人所看不到的地方，小心戒惧于别人所听不到的地方，没有比在隐微的地方更容易表现的了，没有比在细微的事情上更容易显露的了。因此，君子在别人看不见、不了解的情况下特别谨慎地对待自己的心理活动。喜怒哀乐等内心情感未发生作用、影响叫作中，喜怒哀乐等内心情感发生作用、影响时，情欲适中叫作和。中是天下的根本，和是天下的大道。达到中和，天地就各正其位，万物就发育生长。

【解读】

本章在本书至关重要，也在历史上引发无数反响或争论，一方面是因为本章思想极为深奥难解，另一方面是因为本章涉及一系列重要概念，如天、性、中和、慎独、未发、已发（发而中节）等等。为此，本书在导论重要概念部分专门讨论了许多本章所涉概念，读者可仔细参阅。

朱熹说："右第一章，子思述所传之意以立言。首明道之本原出于天而不可易，其实体备于己而不可离；次言存养省察之要；终言圣神功化之极。"按照朱熹的理解，本章确实可以划分为三节。第一节阐明天、性、道、教四个概念。第二节从"道也者，不可须臾离也"到"故君子慎其独也"，阐明修道的功夫，即做戒慎、恐惧的慎独功夫。其余则为第三节，从中和、已发、未发等角度来阐明通过修养此道所达到的道德境界。按照清人毛奇龄的说法，本章"修道功夫，全在慎独，与《大学》首功相合"（《四书賸言》卷一）。

首先，对本章的句法结构作一分析。戴震在《孟子字义疏证·天道》中说："古人言辞，'之谓''谓之'有异：凡曰'之谓'，以上所称解下，如《中庸》'天命之谓性，率性之谓道，修道之谓教'，此为性、道、教言之，若曰性也者天命之谓也，道也者率性之谓也，教也者修道之谓也。《易》'一阴一阳之谓道'，则为天道言之，若曰道也者一阴一阳之谓也。凡曰'谓之'者，以下所称之名辨上之实，如《中庸》'自诚明谓之性，自明诚谓之教'，此非为性教言之，以性教区别'自诚明''自明诚'二者耳。《易》'形而上者谓之道，形而下者谓之器'，本非为道器言之，以道器区别其形而上、形而下耳。"也就是说，关于"之谓"的句法分析，可以形式化表述为："甲之谓乙""丙之谓丁"，依据戴震的说法，进一步可表述为"乙也者，甲之谓也。丁也者，丙之谓也"。回到《中庸》首句，"天命之谓性，率性之谓道，修道之谓教"，可以直译为："性就是上天所赐予人的禀赋，道就是人遵循本性而为，教就是人修明此道而为。"

本章涉及的若干核心概念，如性、中和、慎独、未发和已发，本书导论"怎样读《中庸》?"部分已有专门探讨，这里补充解释一下天、教、慎独等概念。

（1）关于天，冯友兰曾说："在中国文字中，所谓天有五义：曰物质之天，即与地相对之天；曰主宰之天，即所谓皇天上帝，有人格的天、帝；曰运命之天，乃指人生中吾人所无可奈何者，如孟子所谓'若夫成功则天也'之天是也；曰自然之天，乃指自然之运行，如《荀子·天论篇》所说之天是也；曰义理之天，乃谓宇宙之最高原理，如《中庸》所说'天命之谓性'之天是也。"古人对于天的理解无疑是整体主义的，概念含混而边界暧昧，未必如冯氏划分得如此清晰，但冯氏的划分有助于我们进一步厘清天的不同含义。就本章的"天"这一概念而言，无疑是指义理之天，即是一种理性化、道德化的天。与天关系密切的则是"命"，"命"与"天"合言为"天命"。但在此处，"命"作动词讲，即赐予、赋予之义。诚如程颢所言："言天之自然者，谓之天道。言天之付与万物者，谓之天命。"(《师训》,《二程集》) 唐君毅所言："中国哲学之言命，则所以言天人之际与天人相与之事，以见天人关系者。故欲明中国哲学中天人合一或天人不二之旨，自往哲之言命上用心，更有其直接简易之处。"

（《中国哲学原论·导论篇》）也就是说，命是天人之间的枢纽与分界。

（2）教。伊藤仁斋《中庸发挥》曰："若夫知性而不知教者，佛氏之说是也。知教而不知性者，荀子之学是也。""此四十七字（引者注：指《中庸》首章），本非《中庸》本文，盖古《乐经》之脱简，赞礼乐之德云而。若以此章，为《中庸》本文，则唯喜怒哀乐未发之中，独为学问之根本。而《六经》《语》《孟》，悉为言用而遗体之书，害道特甚。故今断为古《乐经》脱简。"伊藤仁斋以性、教来区分儒佛，颇为独特而有见地。佛教（禅宗）强调明心见性、教外别传，是不注重教化问题的；而《中庸》（儒学）则将性和教统一起来，强调"率性之谓道，修道之谓教"，"自诚明，谓之性；自明诚，谓之教"。

（3）慎独。朱熹将"隐微"解释为"幽暗之中，细微之事"，荻生徂徕则解释为"即其所不睹不闻也"。其实隐微，是指别人无法看见、听见，而只存在于自己心中所萌发的私心贪欲。朱熹解释此句说："幽暗之中，细微之事，迹虽未形而几则已动，人虽不知而已独知之，则是天下之事无有著见明显而过于此者。"第33章引《诗》"潜虽伏矣，亦孔之昭"之义，亦是此义，且与《大学》"十目所视，十手所指，其严乎？"，"人之视己，如见其肺肝然"之义一致。隐微之中，情欲初萌，人常不自觉，被动受其使而已。毛奇龄在"莫见乎隐，莫显乎微"下注："其后费隐、微显、诚不可掩、明善诚身，皆本此。"（杭世骏《续礼记集说》卷八十六引）毛说将此句与后面各章关系勾连起来。

"故君子慎其独也。""独"，朱熹解释为"人所不知而己所独知之地也"，戴震《中庸补注》则"以人之所不见"释"独"。二人所释之"独"既指一人独处，亦指内心独有。然而郑玄以"慎其闲居之所为"释"慎独"，孔疏亦以"幽隐之处""细微之所"释"独"，朱熹《大学章句》亦以"独居"释"闲居"。梁涛以为，《中庸》《大学》慎独的含义一样，"都是指内心的专一，内心的诚"，"与独居、独处没有关系"（《郭店竹简与君子慎独》）；至于《大学》所谓"小人闲居为不善"并不是作为慎独的原因，而是作为未能慎独的结果。与梁涛不同，岛森哲男以为"独"有多个"位相"，"从消极的单指周围没有他者存在的一个人的状态，到介然独立而具有主体性"（《慎独思想》，《中国文哲通讯》13卷2期）。岛森哲男举《大学》"人之视己，如见其肺肝然"，"十目所视，十手所指，其严乎"及《淮南子·缪称训》"夫察所夜行，周公不惭乎景，故君子慎其独也"，以证慎独乃是"设定在除了自己以外，没有别人、没有人看着的情况"（《慎独思想》）。当然他认为，这种"排除他者的情况下所应该采取的态度"（《慎独思想》），既可以是消极的，也可以是积极的。消极的态度是指仅仅"设定他者不在"，但积极的态度则是"在拒绝他者、超越他者中所产生的状态"（《慎独思想》），即一种自觉地拒绝他人在场、面向内心深处自省的态度，这是"慎独在很多场合被当成'心'的问题而论述"的主要原因，如《孟子》《帛书五行》《礼器》《荀子·不苟》等文献所见（《慎独思想》）。岛森之说更为稳妥。

慎独作为一种修身范畴，其内在魅力与活力几千年不衰，一定有更深层次的原因。经过反复思索以后，笔者觉得"慎独"应当是指自己在别人看不见、不了解的情况下如何处理自己的心理活动。换言之，即当我们内心中欲念、欲望生起的时候，敢不敢公之于众；如果觉得不敢公之于众，则这些欲望、欲念自会止息，不敢再生起。慎独作为修身功夫的强大魅力就在于：不要以为别人不知道，而听任自己内心的欲望和杂念发展。它提供了这样一种独特的自省方法，即时时刻刻省察自己的欲望、念想敢不敢公之于众，以此来判断该不该有此欲念。也就是司马光所说的"吾平生无过人，但所为无不可对人言者"之意，古人常以"诚实无欺"释之。

如此来理解慎独，其含义便包括内外两个方面。内是指内心的欲望和杂念，外是指别人看不见、不知道。作为修身功夫，其含义就是指通过敢不敢公之于众、敢不敢告诉别人来判断自己的欲望和想法是好还是坏，应不应该有。也就是说，慎独是一体两面、缺一不可的功夫，是通过"意识着他人的视线"（岛森哲男语）来处理自己的欲望和念想，亦即古人常借"听于无声，视于无形"（《礼记·曲礼》）来解慎独之意。

2.仲尼曰："君子中庸❶，小人反中庸❷。君子之中庸也，君子而❸时中❹；小人之中庸也❺，小人而无忌惮❻也。"

【注释】

❶中庸：中指不偏不倚、恰到好处，庸指平常；合起来说，中庸即指日常生活中最恰当的道路或法则。郑玄注：

　　　　　　　　　　　　大家读《中庸》

"庸，常也。用中为常道也。"朱熹注："中庸者，不偏不倚，无过不及，而平常之理，乃天命所当然，精微之极至也。"

❷这句话要联系上下文来理解，其结构是先点明结论，然后展开分析。即是说：小人无所顾忌，以肆意妄为为中庸，自以为合乎中庸，而实际上恰恰是违背中庸之道的。

❸俞樾《群经平议》：两"而"字皆当作"能"字解。古书"而""能"二字通用。

❹时中：随时而处中。郑玄注："君子而时中者，其容貌君子，而又时节其中也。"朱熹注："盖中无定体，随时而在，是乃平常之理也。"

❺陆德明《经典释文》载王肃本作"小人之反中庸也"。《十三经注疏》本《礼记·中庸》篇无"反"字。程子、朱子均以为当有"反"字。谢良佐《上蔡语录》、倪思《中庸讲义》认为"反"字不加亦可通。此处遵从《中庸》原本，不加"反"字。

❻忌惮：畏惧、顾忌。

【译文】

孔子说："君子能够合乎中庸之道，小人也自以为能够合乎中庸之道。君子之所以能够做到中庸，是因为他随时能够做到合宜适中；小人自以为能够做到中庸，是因为他无所顾忌，认为肆意妄为便是中庸。"

【解读】

本章接着上章中和问题而言中庸，自本章至第11章皆是子思引述孔子之言而直接阐发中庸之道。本章的重要概念为中庸与时中。首章言中和，此处言中庸，那么中庸与中和到底有何区别呢？朱熹引游酢之言说："以性情言之，则曰中和；以德行言之，则曰中庸是也。"即中和是用于描述人的本性、情感的，中庸则是用于描述人的德行的。而且，朱熹还认为"中庸之中，实兼中和之义"，也就是中庸的内涵更为丰富，可以将中和包括在内。

由此我们知道，首章"中和"主要讲功夫，后面"中庸"讲言行。但由于前面"未发之中"与"已发之和"都是讲"中"，古人认为"中庸"就是在讲"中和之为用也"（郑玄），或称"中庸之中，实兼中和之义"（朱熹），即"中庸"之"中"乃是"中和"的简称。不过，第2—11章"中庸"讲的与前面中和不是同层面的事。中和与中庸，毕竟还是有区别的。这样我们就会发现《中庸》实际上包含了三个"中"：（1）未发之中："喜怒哀乐之未发谓之中"，指圣人"不勉而中""从容中道"，能够率性而行；（2）已发之中："发而皆中节谓之和"，指君子能够慎独、修道为教；（3）中庸之中："君子而时中""用其中于民""中立而不倚""道中庸"，指中和之成效。

中庸之"庸"字也有三重含义：一曰平常（朱熹），二曰功用（郑玄），三曰恒常（程颐）。戴震云："'中庸'之'庸'，即篇内所谓'庸德之行，庸言之谨'，故程颐释'中庸'之'庸'为'不易''定理'，或非也。"毛奇龄《四书賸言补》卷二称："郑注、孔疏以'常'字解'庸'字，与前'庸德''庸言'相照合观，而朱注误以'庸常'之'常'为'典常'之'常'。"徐复观的看法与戴氏、毛氏相同，并强调"庸"比"中"在此书中更为重要。又，钱大昕《潜研堂文集》卷一《中庸说》强调"中庸"之义当从"时中"解，并称"中庸即执中之义"。"时中"即随时"执中"，因"中无定体，而执中莫如随时"。

至于时中，即随时而处中。《论语·先进》曰："子贡问：'师与商也孰贤？'子曰：'师也过，商也不及。'曰：'然则师愈与？'子曰：'过犹不及。'"在这里，孔子认为"中"就是无过无不及，要恰到好处。但是，我们对待"中"，不能僵化地将其作为固定的原则来奉行，而是能够审时度势，根据具体的情境做出适当的调整。正如《孟子·尽心上》所言："执中无权，犹执一也。"《孟子·万章下》曰："孔子，圣之时者也。"朱熹说："盖中无定体，随时而在，是乃平常之理也。"所以我们不能"执中"，而应"时中"。也就是说，中是变动不居的，需要我们随时而处中，即根据具体的情境而做到"中"，这就是"时中"。

此外，本章之疑点有二，也是在历史上容易引起争议之处。

首先，只有此章表述为"仲尼曰"，其他地方都表述为"子曰"，因此显得非常不统一，这也是在历史上产生疑问和引起争议的地方。我们知道，中国历史上有名讳传统，即子孙后代应当避免直接称呼先祖的名和字。此章直接称"仲尼曰"，那么有学者认为《中庸》为子思所作就值得怀疑。正如宋代学者王十朋所言："弟子记圣人之言行，于《论语》皆称子，如'子曰'及'子以四教'之类，盖尊师重道之辞，未尝有字圣人者。是书亦称'子曰'，宜矣，而又有'仲尼曰''仲尼祖述尧舜'之语焉，岂有身为圣人之孙，而字其祖者乎？"(《王十朋全集》卷八《策问》)元代学者胡炳文则认为此两处直呼"仲尼"是孔子自言，以解决子思直呼乃祖字讳的现象。他说："'仲尼曰'，仲尼之言也，所言者，中庸也。"（《四书通》卷一《中庸通》）胡氏之说，虽然能够在一定程度上回应字讳问题，但过于迂曲，反而将问题复杂化。正如朱熹所言："此其称仲尼曰，何也？曰：首章夫子之意，而子思言之，故此以下，又引夫子之言以证之也。……周人冠则字而尊其名，死则谥而讳其名，则固已弥文矣，然未有讳其字者也。……况孔子爵不应谥，而子孙又不得称其字以别之，则将谓之何哉？若曰孔子，则外之之辞，而又孔姓之通称；若曰夫子，则又当时众人相呼之通号也，不曰仲尼而何以哉？"（《中庸或问》）朱熹此说虽然很好地回避了字讳问题，但还是无法回答表述不统一的问题。钱穆在《四书释义》中则说："此称'子曰'（引者按，指第三章），而上节称'仲尼曰'，文理驳杂不纯。此亦《中庸》晚出之证。"钱穆倒是注意到了这个问题，但还是没有完全阐发明白。大田锦城曰："此章为仲尼曰，以下为子曰，《舜典》之例也，《九经谈》详之。"（《中庸原解》）

劳思光亦曰："儒家记孔子之言，通常皆称'孔子曰'或'子曰'，《中庸》记孔子之言，也一向是称'子曰'，这里却用'仲尼曰'，与通例不合，可能是这一段另有来源，但已不可考。"（《大学中庸译注新编》）

关于这个问题，冯友兰之说，似乎对我们有所启发。冯氏说："盖古人之历史观念及'著作者'之观念不明，故现在所有题为战国以前某某子之书，原非必谓系某某子所亲手写成。其中'援述于前，与附衍于后者'在古故视为不必

大家读《中庸》

分，在今则多似为不能分也。故现在所有多数题为战国以前某某子之书，当视为某某子一派之书，不当视为某某子一人之书。"（《中国哲学史·泛论子学时代》）因为《中庸》原本单篇传世，依赖后人抄写传承，到了西汉，由戴德编入《小戴礼记》。依照冯氏之说，我们不妨将《中庸》看作子思学派或后儒集体创作的产物，其后学在传抄、编纂的过程中出现窜乱、文体、文势不统一是非常正常的事情，未必即可证明晚出。

　　其次，《经典释文》引王肃本作"小人之反中庸也"，程颐赞同此看法，朱熹《四书或问》也认为"疑王肃所传之本为正"。然而《礼记正义》曰"小人亦自以为中庸"，倪思《中庸集义》称此说"得之。王肃添反字，非也"，王肯堂《郁轮岗笔尘》曰："若小人一向反中庸者，则小人更无可化为君子之理，而中庸有不遍之处矣。"（翟灏《四书考异》卷二《中庸》）伊藤仁斋也认为："王肃本作'小人之反中庸也'，然加'反'字，则语觉无味。且首二句为剩语，故今从郑氏本。……此章……言君子小人，各以其道为中庸，而唯君子之中庸，为诚中庸也。"伊藤仁斋《中庸发挥》曰："中庸者，谓无过不及，而平常可行之道也。……盖君子小人，各以其所能，自为中庸。……故君子所谓中庸者，即诚中庸；而小人所谓中庸者，实反乎中庸也。"佐藤一斋《中庸栏外书》曰："王肃添'反'字，非是。君子中庸，只是时中；小人中庸，只是无忌惮。"东条一堂《中庸知言》曰："倪思《中庸集义》曰'此无反字'，《正义》谓'小人亦自以为中庸'，得之矣。王肃填'反'字，非也。"众说甚是。故当从孔颖达《礼记正义》，此处无"反"字。正如钱时《融堂四书管见》所言："君子时中，所以中庸；而小人则以无忌惮为中庸者也，犹言以妄为常也。"也就是说，君子随时能够做到合宜适中，合乎中庸之道；小人则无所顾忌、肆意妄为，并自以为合乎中庸之道。

3.子曰："中庸其^❶至^❷矣乎！民鲜^❸能久矣！"

【注释】

❶ 其：副词，表推测、判断，也许、大概之义。

❷ 至：极致，至善至美。

❸ 鲜（xiǎn）：少，罕见。郑玄注："鲜，罕也。言中庸为道至美，顾人罕能久行。"朱熹注："过则失中，不及则未至。故惟中庸之德为至。然亦人所同得，初无难事。但世教衰，民不兴行，故鲜能之，今已久矣。"

【译文】

孔子说："中庸这样的德性大概可以称得上是至善至美了吧！人们很少能够做到，这种情况已经很久了！"

【解读】

本章一方面将中庸视为最高的道德标准，赞美其无上崇高、至善至美；另一方面又感叹中庸本是人人可行的常道，但很少有人能够做到。这也告诉我们，理解中庸要兼顾平常与高明两个方面。

此句亦见于《论语·雍也篇》"中庸之为德也，其至矣乎，民鲜久矣！"二者表述略有差异。南宋学者赵顺孙《四书纂疏》认为，《论语》中所记载的此句是孔子原文，而本章则是子思根据《论语》剪裁改写而成。《论语》没有提到"能"字，但实际上已经包含了"能"的含义。此处省略了"之为德也"四字，则会产生"能知与不能知、能行与不能行"的差别，所以在后面加了"能"字。

4.子曰："道❶之不行也，我知之矣，知❷者过之，愚者不及也；道之不明也，我知之矣，贤者过之，不肖❸者不及也。人莫不饮食也，鲜能知味也。"

【注释】

❶道：指中庸之道，即不偏不倚，采取最恰当的准则。朱熹注："道者，天理之当然，中而已矣。"此说较为玄远，非是。

❷知（zhì）：同"智"。

❸不肖：不似，与贤相对，指不贤。

【译文】

孔子说："中庸之道之所以无法实行，我已经知道它的原因了：聪明的人过于明白，认为不值得去行；而愚钝的人无法明白中庸之道，不知道怎样去行。中庸之道之所以无法显明，我已经知道它的原因了：有才智的人做过分了，而没有才智的人却又做不到。譬如人们没有哪天不在吃喝的，但是很少有人能知道它的味道。"

【解读】

本章接着上章表达对中庸之道难以做到的感慨，而进一步阐明其原因。认为中庸之道之所以无法做到，就是因为聪明的人自以为聪明而不肯去做，愚钝的人不能明白而无法去做；有才智之人虽然去做但容易做过分，无才智之人却做不到。正如东条一堂所言："知者好高而嫌卑，愚者安卑而遗高，此道之所以从而塞也。贤者喜难而厌易，不肖者从易而惧难，此道之所以从而昏也。"(《中庸知言》)最后，又以人们每天须臾不可离的极为平常的饮食设譬，"饮食"正与后文"道不远人"响应，此处喻道在日常，即后文"庸德庸行"义。以知味难说行道难，实指中庸难。体现本书以道解中之义。这也说明越是日用常行越是习焉不察，正如孟子所言"行之而不著焉，习矣而不察焉。终身由之而不知其道，众也"(《尽心上》)。

值得注意的是，宋人王安石、司马光等人在引述这段文字时，将"道之不行"之"行"写作"明"，将"道之不明"之"明"写作"行"。如此，便是从智愚说"明"，从贤不肖说"行"，似乎也是合理的。

本章陈天祥以为本处从知、行立言，故存在错文。而毛奇龄力辨从知、行之辨解此章之非，谓此章讲行、明，行指个人修道，明指行教于国，故行明非知行。(1)元代陈天祥《四书辨疑》(四库本)卷十五云："夫道在世间，必须先明，然后能行"，"明字本当在前，今反在后；行字本当在后，今反在前。乃后人传写之误也，行、明二字当相易读之。"若依陈氏，"道之不明"当与"智者""愚者"连，"道之不行"当与"贤者""不肖"连，故亦可将"知者过之，愚者不及也"与后文"贤者过之，不肖者不及也"对调，不改前后话头。（2）毛奇龄以为，"道之不行"是由"不知中"，"无如择中者之难也"，故接知愚；"道之不明"是由"不能教中"，此乃当世"贤与不肖俱不能守中"之故，盖以"道未明于世"释明。故"道之不行"即首章"修道"，亦即行道，"行道在知"；"道之不明"即首章之"教"，亦即明道于世。因此这里讲的是"行""明"二事，不可如朱子"以知行交互之意"解之，"行明非知行"。毛又为"知愚""贤不肖"确实对应知、行，但不代表本章以知行为说，乃是知、行分解道之行与道之明。如此则今本无误。毛说甚有力。（《续礼记集说》卷八十六《中庸》）

5. 子曰："道❶其❷不行矣夫❸！"

【注释】
❶道：指中庸之道。
❷其：大概、也许。副词，表推测、判断。
❸夫：助词，用于句尾，表示感叹。

【译文】
孔子说："中庸之道大概是不能实行了吧！"

【解读】
此句仅为孔子感叹而发，并无实质内容，因此显得十分突兀。明代学者顾起元《中庸外传》怀疑此句孤突，"接上文则'子曰'字衍，不接上文则此语上下应有阙文"（翟灏

《四书考异》卷二《中庸》）。朱熹《中庸章句》则认为此处讲"不行"，由上章"不明"而来，称"由不明，故不行"。伊藤仁斋则认为："将此章与上章合为一章，曰引之以结上文之意，且寓慨叹之意。犹下文引'父母其顺矣乎'之语以结之之例。"（《中庸发挥》）从文章脉络和语境上来看，此句似乎与上章相接，重申"道之不行"之义。观《论语》体例，也有先发感叹，其次展开铺陈，再以感叹收束的例子。如子曰："贤哉，回也！一箪食，一瓢饮，在陋巷，人不堪其忧，回也不改其乐。贤哉，回也！"（《论语·雍也篇》）。

6. 子曰："舜其大知也与❶！舜好问而好察迩言❷，隐恶而扬善，执其两端，用其中于民，其❸斯以为舜乎❹！"

【注释】

❶舜：古代圣王，姚姓，有虞氏，名重华，史称虞舜。相传舜因四岳推举，尧帝命其摄政。舜巡行四方，除去鲧、共工、驩兜和三苗这"四凶"。尧帝崩后继承帝位，舜又咨访四岳，选出治水有功的禹为继承人。在儒家经典与史书叙事中，舜以大孝和好问而出名。

知（zhì）：同"智"。他本或作"智"，如《隋书·牛弘传》曰："故尧称至圣，犹考古道而言，舜其大智，尚观古人之象。"

与：同"欤"。句尾助词，表感叹。

❷迩（ěr）言：郑玄注："迩，近也。近言而善，易以进人，察而行之也。"朱熹注："迩言，浅近之言，犹必察焉，

其无遗善可知。"

❸其：大概、也许。助词，表推测。

❹乎：感叹语气词。

【译文】

孔子说："舜可以说是具有大智慧的人了吧！他喜欢向别人请教问题，又善于从人们浅近平常的话语里分析其含义，不宣扬别人的恶言恶行，只表彰别人的嘉言善行，根据过与不及两端的情况，不偏不倚，采取最恰当的准则来治理百姓，这也许就是舜之所以成为舜的原因吧！"

【解读】

《中庸》以智、仁、勇三达德为入德之门，故从此章以后，列举大舜、颜回、子路分别作为智、仁、勇的代表人物。与西方伦理学从原理出发来探讨道德条目的性质及原则所适用的范围不同，儒学既不做抽象的定义，也不从原理出发来探讨智、仁、勇等德目。儒家对德性的讨论往往采取一种"诉诸历史"（柯雄文语）的策略，通过活生生的人格形象来确立一种典范，作为人们进行道德践履的指引和动力。

本章是对舜之德行的赞美，即不刚愎自用、自以为是，而是广开言路、不耻下问，善于听取别人的意见，虚心向别人学习。正因为舜如此心胸宽广、察纳雅言，所以人们都乐于以善言相告。在听取别人的意见时，舜又能够善于根据过与不及两端的情况，采纳中庸之道来治理百姓，所以成就了伟大的功业与德行。孟子对舜极为称道，"大舜有大善焉，善与人同。舍己从人，乐取于人以为善。自耕稼陶渔以至为帝，无非取于人者"（《孟子·公孙丑上》）。所谓"隐恶而扬善"，亦可见舜性情之笃、德行之厚，即满目所见都是别人的善，而忽略别人的不善。对于这一点，我们可以通过王阳明的一段话来深化理解。"一友常易动气责人。先生警之曰：'学须反己，若徒责人，只见得人不是，不见自己非。若能反己，方见自己有许多未尽处，奚暇责人。舜能化得象的傲，其机括只是不见象的不是。若舜只要正他的奸恶，就见得象的不是了。象是傲人，必不肯相下，如何感化得他？'"（《传习录卷下》）

本章的关键在于"执其两端，用其中于民"一句。对于"两端"，程颐理解为"舜执持过不及，使民不得行"（《二程集》卷十八）。朱熹不赞同程颐此解，认为"此'执'字只是把来量度"（《朱子语类》卷六十三）。对于"两端"，朱熹不似程颐那样解得过实，而是用更具涵盖性与伸缩性的语言解为"两头"。戴震也说："'执其两端'，如一物之有本末、首尾、全体无遗弃也。"（《孟子字义疏证·附录·中庸补注》）如果像程颐那样将"执"理解为"执持"，则显得缺乏审时度势、灵活应变的能力，如孟子"执中无权，犹执一也"所批判的那样。但如果按照朱熹的解释，则"执"有权衡、审时度势的含义，如以喜怒、好恶为例，"中"不是指既不喜也不怒、既不好也不恶，而是指当喜时则喜，当怒时则怒；当好时则好，当恶时则恶。在这里，"中"有"权"的含义，即根据具体的情况来适宜地、恰到好处地处理事情。正如伊藤仁斋《中庸发挥》所言："盖中者，就两端而言，刚柔、大小、厚薄、浅深，谓之两端。其两间之中，谓之中，所谓'执其两端，用其中于民'是也。亦有不刚不柔、稳当平正之意。故中必待权而后得当。若执中无权，则有一定不变之弊。故《孟子》曰'执中无权，犹执一也'。若舜、汤之执中，虽不言权，权自在其中矣。若学者，必不可不用权，故中必以权为要。"

7.子曰："人皆曰予知❶，驱而纳诸罟擭陷阱❷之中，而莫之辟❸也。人皆曰予知，择乎中庸，而不能期月❹守也。"

【注释】

❶知：同"智"，明智。

❷罟（gǔ）：捕兽的网。

擭（huò）：装有机关用于捕兽的木笼。

陷阱：诱捕野兽的坑穴，比喻使人受骗上当的圈套。陆德明《经典释文》中认为"阱，本或作穽"。

❸辟（bì）：躲避、逃避。

❹期（jī）月：一整月。

【译文】

孔子说："人们都说自己是明智的，把他赶进捕网、木笼、陷阱之中，却不知道如何躲避。人们都说自己是明智的，但是选择了中庸之道，却连一整月也坚持不下来。"

【解读】

本章出现两次"予知"，与上章"舜其大知"相应，亦与第4章"道之不行也……知者过之，愚者不及……鲜能知味也"相应。这几处"知"，皆强调知道是行道的前提，知道是择中，行道是用中。此章以罟擭陷阱设譬，强调中庸之难行。正如增岛兰园所言："《礼记正义》曰'驱而纳……此为无知之人设譬也。言禽兽被人所驱，纳于罟擭陷阱之中，而不知违避。似无知之人为嗜欲所驱，入罪祸之中而不知避也'。此说极明快！盖以兽之为人所驱，陷罟擭陷阱之中，以况无知之人为嗜欲所驱，自陷罪祸也，非直以人陷罪祸言。"(《中庸章句诸说参辨》)

8.子曰："回①之为人也，择乎中庸，得一善②，则拳拳服膺③而弗失之矣。"

【注释】

①回：即复圣颜回，字子渊，鲁国人。是孔子弟子中最为好学者，孔门十哲之一、德行科之首。

②善：好。

③拳拳：奉持不舍的样子。郑玄注："拳拳，奉持之貌。"

服膺（yīng）：牢记在胸中。服：着，放置；膺：胸口。

【译文】

孔子说："颜回是这样做人的，他选择了中庸之道，就如同得到了一个好的事物一样，就会牢牢记在心里，由衷地信服，不会让它丢失。"

【解读】

本章是对颜回品德的称赞，即好善、好学。在孔门中，颜回以"好学"著称，如《论语·雍也篇》曰："哀公问：'弟子孰为好学？'孔子对曰：'有颜回者好学，不迁怒，不贰过，不幸短命死矣。今也则亡，未闻好学者也。'"

此章中，"得一善"，究竟是指普通善事，还是指中庸本身（以中庸为善）？孔颖达认为"得一善事"，毛远宗认为"中庸亦只是善"，与后文"明善择善"，甚至《大学》"止于至善"相应。故"得一善则拳拳服膺"，即后文"择善而固执者也"，亦与后章"不变塞""至死不变""遁世不见知不悔"相通。毛远宗之说似乎更有道理。若"得一善"指得一普通善事，其与中庸关系似不明显。况且此句亦与上章"择乎中庸，而不能期月守也"相应，可知，"得一善"是以"中庸"为善。

9.子曰："天下国家可均❶也，爵禄可辞❷也，白刃可蹈❸也，中庸不可能也。"

【注释】

❶均：平定、治理。朱熹注："均，平治也。"

❷爵禄：官爵和俸禄。周代设立公、侯、伯、子、男五等爵制。

辞：辞掉、不接受。

❸蹈（dǎo）：践踏、踩踏。

【译文】

孔子说："天下国家是可以平定、治理的，官爵和俸禄是可以辞掉的，利刃是可以踩踏上去的，但中庸要完全做到是不可能的。"

【解读】

此章论中庸之难能，即执中之不易。如康有为所言："均天下，辞爵禄，蹈白刃，至强而难能之事，然资之近者，犹易为之。如蹈履中庸，尤难其人，以见中庸之道虽平易，而实难也。"（《中庸注》）孔颖达疏曰："言在上诸事虽难，犹可为之。唯中庸之道不可能也，为知者过之、愚者不及。言中庸难，为之难也。"（《礼记正义·中庸》）毛奇龄则以为："三者固极难，欲得中则尤难耳。"又，桓宽《盐铁论·繇役》有"子曰：'白刃可冒，中庸不可入。'至德之谓也"（《礼记集说·中庸》）。然"可冒""不可入"不好解，似以今本为上。然"至德之谓也"一句点明此章，甚至此节主题，亦与本书第四节相应。

此外，如果将"中庸不可能也"一句看作反问句（"也"在古汉语中确实有用于句末表示疑问的情况，如《史记·陈涉世家》："若为佣耕，何富贵也？"），那么意思就全然发生变化。如张岱《四书遇》所言："问天下国家可均，而中庸何以不可能？曰汉高祖、唐太宗皆所谓均平天下之人，而以语乎中庸之道，能乎？不能乎？"如果理解为反问句，则此章的意思是说：就连天下国家也是可以平定、治理的，官爵和俸禄也是可以辞掉的，利刃也是可以踩踏上去的，那么中庸难道就不能做到吗？

10.子路问强❶。子曰："南方之强与，北方之强与，抑而强与❷？宽柔以教，不报无道❸，南方之强也，君子居❹之。衽金革❺，死而不厌❻，北方之强也，而强者居之。故君子和而不流❼，强哉矫！中立而不倚，强哉矫！国有道，不变塞❽焉，强哉矫！国无道，至死不变，强哉矫！"

【注释】

❶子路：孔子弟子，名仲由，字子路，又字季路。在孔门中以好勇著称，故于此处向孔子请教何谓刚强。

❷抑：文言连词，表选择，相当于"或是""还是"。

而：代词，同"尔"，你。

与：疑问语气词，同"欤"。

❸报：报复。

无道：暴虐、无理。

❹居：怀有、具有。

❺衽（rèn）：睡觉时的席子。

金革：金属制作的兵器和皮革制作的甲盾。

❻厌：后悔。

❼和而不流：与人相处和睦而不随波逐流。

❽强哉矫（jiǎo）：强壮、勇武的样子；矫，强壮、勇武。

中立而不倚：坚守中庸之道而不偏倚。

塞：困窘。朱熹注："未达也。谓未达时之所守。"

【译文】

子路问孔子，如何才能称得上强呢。孔子说："你问的
是南方人的强呢，还是北方人的强呢，又或者是你自己所追
求的强呢？用宽厚、温和的态度去教导人们，不报复蛮横无
理的行为，这是南方人的强，品德高尚之人怀有这种强。经
常枕着刀枪、穿着盔甲睡觉，就连死也在所不惜，这是北方
人的强，勇武的人具备这种强。所以，品德高尚之人能够与
人和睦相处而不随波逐流，这才是真正的强啊！固守中道而
不偏不倚，这才是真正的强啊！国家政治清明，君子不改变
穷困时的操守，这才是真正的强啊！国家政治昏暗，至死也
不改变自己的原则，这才是真正的强啊！"

【解读】

本章论强，以"国有道""国无道"皆不变所守为眼，
因此不是简单地论强，而是从整体上讨论立身之道，即以中
庸立身才能真正强的问题，即第20章所谓"虽柔必强"。这
里的中庸体现在针对子路所问，回答"什么是真正的强"这
一问题，懦弱屈从固然不是强，勇猛好武也不是真正的强。
因而归根结底在于，在勇武好强与怯弱屈从之间如何选择，
所以还是择中的问题。具体来说，君子以宽柔立身，宽即包
容，故不报无道；柔即柔和，故不尚勇武。然而，不尚勇
武，并非软弱随流，而是如何中立不倚，即真正恰当的问
题；不报无道并非苟且偷生，而是有原则、有持守，并能至
死不变（无论有道无道）。其中"和而不流"以和、流两端
论中；国有道、国无道皆不变所守，即前章择乎中庸、拳拳
服膺，即持守中庸；对北方之强的批评，乃因偏离中庸。故

大家读《中庸》

毛奇龄曰："夫子答问强，亦谆谆以中和为言。"

【考辨一】"塞"，或读为实（郑玄），或读为色（郑玄、皮锡瑞），或读为未达（朱熹）。（1）"塞"，郑玄注："塞犹实也。国有道，不变以趋时；国无道，不变以辟害。有道无道一也。矫，强貌。"《礼记正义》："守直不变，德行充实。"（2）郑注："塞，或为色。"皮锡瑞《礼记浅说》（卷下）称："以塞为实，义似迂远，当从或本作'色'。不变色者，如孔父之正色立朝，所谓不失色于人也。《玉藻》云'玉色'，玉亦不变之义。"（3）朱熹《中庸章句》："塞，未达也。"盖以"塞"为未见用于世，故称"国有道，不变未达之所守；国无道，不变平生之所守"。然如此解，则"不变塞"当读作"虽塞不变"。

今考：翁方纲《礼记附记》卷七引《毛诗传》等批评朱子，捍卫郑注，曰："'不变塞焉'郑注'塞犹实也'。《诗》'秉心塞渊'笺：'塞，充实也。'又'仲氏任只，其心塞渊'传：'塞，窒也。'《释文》：'崔集注本作实。'《书》'温恭允塞'疏亦引《诗毛传》训塞为实，似未可以'未达'训之。"陈乔枞以《说文》《尚书》《史记》为证，谓塞为寨之假借，本义为实，而以读为色亦通。曰："郑君训塞为实，是以塞为寨之假借。《说文》：'寨，实也，从心塞省声。'《虞书》曰：'刚而寨。'《史记·夏纪》作'刚而实'，今《尚书·皋陶谟》作'刚而塞'。塞或为色者，塞、色音相近。《汉书·西域传》'塞种即释种'亦以声近，借塞为释字。一曰色谓正色立朝、不变色者，不变其义形于色之素也，于义亦通。"（陈寿祺《礼记郑读考》卷五）

朱注似过牵强，不如郑注，翁方纲、陈乔枞举《毛诗》

《尚书》《史记》《说文》考证有力，塞即窒，"不变塞"当即"不变实"之义，谓国有道固不必变，至于国无道亦至死不变。焦竑《四书讲录·中庸》以"富贵不能淫"释"有道不变塞"；简朝亮《礼记子思子言郑注补正》卷四《附录》(续修四库全书所收光绪与民国读书堂刻本)称："《中庸》曰：'国有道，不变塞焉。'此世治不轻也，若董子于汉武帝之世也。"简氏之言甚当，"世治不轻"即指有道之世，不轻用自己，即《孟子》所谓"达不离道"。综而言之，"不变塞"当即孟子"达不离道""富贵不能淫"之义，亦即简朝亮"世治不轻"之义。如此，皆当训"实"为上，训"色"、训"未达"皆不妥。训为"正色立于朝"之"色"，似与"国有道"衔接不顺，国无道需要正色立朝，国有道何以要正色立朝？

【考辨二】：关于强之义。毛远宗认为，强与勇有别。"勇者，贵往之称，以振作猛奋为训，正《左传》所谓一鼓作气、再易衰竭，与强之不流不倚不变，正自相反。盖勇是不退诿，非强固不拔之谓也。"第20章虽讲知、仁、勇三达德，但同章最后所讲"虽柔必强"并非从"勇"得出，而是从择善固执而"弗措"得出。

11.子曰："素隐行怪❶，后世有述❷焉，吾弗为之矣❸。君子遵道而行，半涂而废，吾弗能已❹矣。君子依乎中庸，遁世不见知❺而不悔，唯圣者能之。"

【注释】
❶素：方向、朝向。郑玄注："素，读如'攻城攻其所

傃’之傃。傃，犹向也。言方向辟害隐身而行，诡谲以作后世名也。弗为之矣，耻之也。”

隐：隐僻。

怪：怪异。

❷述：记述、称道。

❸吾弗（fú）为之矣：弗，不。疑孔子语当断于此，后文皆引申发挥，《汉书》引文亦断于此。本书凡"故君子""君子"开头句，皆当为子思引申作结之语。

❹涂：同"途"，道路。

废：停止。郑玄注："废，犹罢止也。"

已：停止。

❺遁世：隐居避世。

见知：被人知道；见，表示被动，相当于"被"。

【译文】

孔子说："追求隐僻生活，做些怪诞的事情，即使后世有人称道他，我也绝不会这样做。君子遵循中庸之道而行，往往走到半路就停止了，我是绝不能中途停止的。君子按照中庸之道而行，即使隐居避世而不被世人所知，也不懊悔，这只有圣人才能做到。"

【解读】

本章整体上讲人生遇挫，被迫隐遁，此时能守道难、易半途而废，或行怪异，以博名利。此与上章"有道不变塞""无道至死不变"相应，亦与下文"遁世不见知"相呼应。下文"半涂而废"，暗示身处乱世，被迫隐遁，则易弃道矣。

故读素为乡，取方向、朝向义，似更合理。黄忠天从儒家整体立场与道家的不同出发，指出"由于儒家之道为'伦理之道'，因此表现在人生态度上，是不离人群、不离人性，其遁隐是权宜的，不得已的，也是暂时的"，故虽然郑玄、朱熹、倪思三人解此章不同，而倪思"依本字"解，"前后呼应""其说为胜"。（《中庸释疑》）黄说可从。

　　素，《汉书·艺文志》引此句作"索"，朱子从之。或读"素"为下第14章"素其位"之素。倪思《中庸集义》称："素者，平素也，言以隐居为常，而不知变通者也。"（转引自翟灏《四书考异》卷二）王船山、康有为亦读"隐"为隐居（王夫之批评朱子《章句》"于'隐'下添一'僻'字"，乃是"赘入"；认为"隐对显而言"，"与下'费而隐''隐'字亦大略相同"，见《读四书大全说·中庸》卷二），蒋伯潜从倪思说（《四书读本·中庸》）。然郑注读作"傃"，"犹乡也"。楼宅中亦曰："素通傃，向也。《司马法》'攻其所素'谓攻其所向，故郑氏谓身向幽隐，而所行怪事，岂君子所当为，与遁世不见知，反观自明。"朱子之解虽有据，然本章整体上讲人生遇挫，被迫隐遁，此时能守道难易半途而废，或行怪异，以博名利。"遵道而行"与"依乎中庸"对举，可见执中就是遵道，中就是中乎道。又，唯圣者能"遁世不见知而不悔"，并继续"遵道而行"，不半途而废，既与第7、8章能守、服膺勿失相呼应，亦与第20c章"择善而固执之"相应。统而言之，作者一方面阐发中庸内涵，另一方面强调坚守勿失。

【第一部分统评】

第2—11章共10章，从如下几个角度阐发了中庸之义，一是中庸本义，即"时中"（第2章），中就是无过不及（第4、6章）。二是从君子与小人（第2章）、知者与愚者（第4章）、贤者与不肖（第4章）、舜与常人（第6、7章）、北方之强与南方之强（第10章）、君子与隐怪（第11章）几种相反的例子来说明如何做到无过不及，其中小人无忌惮（第2章）、舜执两用中（第6章）、南方之强（第10章）、隐怪（第11章）均从不同侧面来说明所谓"中"。三是中以道为标准，中指中乎道，执中即是遵道而行（第4、5、11章，联系第1章"修道"），尤其第4、5章从过与不及讲行道之难，以及第11章以"遵道而行"与"依乎中庸"对举，联系第1章从"修道""达道"讲中和、慎独，鲜明地体现出作者以道为中的立场。本书通篇讲道远多于中，"中庸"一词以道而不是中为主（见方朝晖：《〈中庸〉是关于中庸的吗？》，载《孔子研究》2021年第5期）。四是强调执中行道之难（第3、5、7、9章），强调执中当坚持（第8、10、11章）。第6、7、8三章讲了舜、颜回和普通人三种人物典型。

二

修道

从第12章起，从不同角度讲"道"。当然第一节讲中庸，也是在讲"道"(从第4、5、11章可看出)。不过第一节与第二节的区别在于，第一节偏重内修，第二节偏重外行。所谓外行，指偏重在外在人伦关系中如何行，故本节讲道，主要从亲亲、五伦出发。故把中庸当作全书重心，反而偏离了。

12.君子之道费而隐❶。夫妇❷之愚，可以与❸知焉，及其至❹也，虽圣人亦有所不知焉。夫妇之不肖，可以能行焉，及其至也，虽圣人亦有所不能焉。天地之大也，人犹有所憾❺。故君子语大，天下莫能载焉；语小，天下莫能破❻焉。《诗》云："鸢飞戾天，鱼跃于渊。"❼言其上下察❽也。君子之道，造端❾乎夫妇，及其至也，察乎天地。

【注释】

❶费而隐：费，显著；隐：隐微。朱熹注："费，用之广也。隐，体之微也。"

❷夫妇：匹夫匹妇，即普通男女。

❸与（yù）：动词，参与。

❹至：极致。

❺憾：遗憾。

❻破：分开。

❼《诗》：指《诗经·大雅·旱麓》。

鸢飞戾天：鸢，鹰；戾，到。

鱼跃于渊：跃，跳动；渊，深水。

❽察：至。郑玄注："察，犹著也。"王引之《经义述闻》称"察"当读"至"，不读"著""明"。察，与"际"古声同。如《广雅》："察，至也";《管子·内业篇》："上察于天，下极于地。"

❾造端：开始、发端。

【译文】

君子所持守的道，既显著又隐微。普通的男女虽然愚昧，但也可以知晓其中的浅近道理；至于涉及道理极其深奥之处，即使圣人也会有所不知。普通的男女虽然没有才德，但一般的道理也是能够实行的；至于涉及道理极其深奥之处，即使圣人也会有不能做到的地方。以天地之大，人们对之尚有遗憾，何况圣人也不是全知全能。所以君子所信守的道，说它大，天下没有任何东西能够装得下它；说它小，天下没有任何东西能够将它剖析开。《诗经·大雅·旱麓》说："鹰在高天飞翔，鱼在深水跳跃。"寓意持守道的人能够上下明察。君子所持守的道，开始于普通男女，浅显易懂，做到极致，就能达到天地那样的高明境界。

【解读】

毛奇龄以为，本章所讲费而隐，即是首章所谓微显、隐见。盖"费"与"隐"相对，为显著之义。毛同时认为此与首章从隐微讲慎独及后面通篇讲微显之理，包括诚不可掩之义贯穿始终。毛说与朱子不同，确有新义。(《续礼记集说》卷八十七《中庸》)首章从慎独讲隐微，而第20章末尾（第20b/20c）至第26章讲诚化，第33章讲微之显、费而隐的道理确实贯通全书。

朱子第12章注曰："子思之言，盖以申明道不可离之意也。其下八章，杂引孔子之言以明之。"毛奇龄曰："自此至哀公章，又子思自启一义，而历引'子曰'以明之。"(《续礼记集说》卷八十七《中庸》)"自此"指第12章开头一句。

本章的关键在于"君子之道，造端乎夫妇"一句。也就是说，道始于男女居室、夫妇生活。正如胡宏所言："道充乎身，塞乎天地，而拘于躯者不见其大。存乎饮食男女之事，而溺于流者不知其精。……夫妇之道，人丑之者，以淫欲为事也；圣人安之者，以保合为义也。接而知有礼焉，交而知有道焉，惟敬者为能守而不失也。"（《知言》卷一）

下面对本章的关键词"费"和"隐"作一分析说明。

（1）"费"，陆德明《经典释文》以"费"为拂，音扶弗反。郑氏与陆氏同，故释"费"为"佹"（guǐ），乃困厄之义；《正义》解为"君子遭值乱世，道德违费，则隐而不仕"。若如此解，则此句当连上文"遁世不见知"为一章，但那样下面"夫妇之愚"句以下当另起一章，句首突兀。朱子释"费"为"用之广"，据《说文》"散财用"为说，故连"夫妇之愚"为章。毛奇龄认为，"费"为显著之义，与首章"莫见乎隐，莫显乎微"相呼应。（《续礼记集说》卷八十七《中庸》）毛说甚当。

（2）"隐"，当指首章"莫见乎隐"之"隐"，非上章"素隐""遁世"之"隐"。孔疏释之为遁世之隐，似与下文"夫妇之愚可以与知"等不接，朱子释"体之微"，从未发之中为道之体而来。方按："费而隐"当即首章微显之义（或更准确地说，即隐见和微显），这样理解就与第16章讲微之显，第22、23章讲诚化，第25章讲成己成物，第26章讲至诚无息，第33章讲微之显等相一致。类似的诚化思想亦见于《荀子·不苟》。

此处"不能"，当联系第7章"不能期月守"、第9章"中庸不可能"、第11章"唯圣者能之"等理解。所谓"能"，当指实际能做到，荀子已注意到"能"与"可"之别。信广来分析认为孟子未能区分"能"（neng, ability）与"可（以）"（k'o/k'o i, capacity），提示孟子在论述性善时，似乎混淆了可能与事实，而荀子注意到了二者之间的区别。（参见 Kwong-loi Shun, "Mencius on Jen-Hsing," *Philosophy East & West*, Vol. 47, No. 1, January 1997, pp.1–20。具体分析见方朝晖：《性善论新探》，清华大学出版社2022年版）又，此处"知""能"之别，对应于第4章"知愚""贤不肖"，而此处亦提到"夫妇之愚""夫妇之不肖"。知能之别即知行之别，而第4章以知行说道之行、道之明，分别为修道与行教之事（彼处毛氏以为当区分行、明与知、行）。

王引之《经义述闻》称"察"当读"至"，不读"著""明"。察，与"际"古声同，《广雅》："察，至也。"参《淮南子·原道训》《文子·道原》。《管子·内业篇》有"上察于天，下极于地"。"憾"，《释文》称"本又作感"，不如作"憾"。又毛奇龄以为，此处"大""小"即前文"费""隐"；毛氏并以为《诗》"鸢飞""上下察"指费而又隐之义。上下指显著，即费，而费中有隐。（《续礼记集说》卷八十七《中庸》）

13. 子曰："道不远人❶。人之为道而远人，不可以为道。《诗》❷云：'伐柯伐柯，其则❸不远。'执柯以伐柯，睨❹而视之，犹以为远。故君子以人治人❺，改而止。忠恕违道❻不远，施诸己而不愿，亦勿施于人。君子之道四，丘未能一焉：所求乎子，以事父，未能也；所求乎臣，以事君，未能也；所求乎弟，以事兄，未能也；所求乎朋友，先施之，未能也。庸德之行，庸言之谨❼，有所不足，不敢不勉。有余不敢尽，言顾行，行顾言，君子胡不慥慥❽尔？"

【注释】

❶道不远人：远，远离。道不是远离人的至高存在。

❷《诗》：指《诗经·豳风·伐柯》。

❸伐柯：砍削斧柄；柯，斧柄。

则：法则，指斧柄的样式。

❹睨（nì）：斜视。

❺以人治人：用符合其人之道的原则来管理人。朱熹注："若以人治人，则所以为人之道，各在当人之身，初无彼此之别。故君子之治人也，即以其人之道，还治其人之身。其人能改，即止不治。"

❻忠恕：忠是指能够诚实地面对自己，恕是指能够体谅他人。朱熹注："尽己之心为忠，推己及人为恕。"

违道：离道。《说文》云："违，离也。"郑玄注："违，犹去也。"

❼庸德之行，庸言之谨：庸德，指平常的道德；庸行，指平常的言论。《易·乾·文言》曰："庸言之信，庸行之谨，闲邪存其诚"，可与此处参看。

❽胡：为何，怎么。

慥慥（zào zào）：忠厚笃实的样子。

【译文】

孔子说："道是不能远离人的。如果有人实行道却远离了人，那就不可以称为道了。《诗经·豳风·伐柯》篇说：'砍削木头做斧柄，砍削木头做斧柄，斧柄的样式就在眼前。'手里握着斧柄砍削树木来做斧柄，应该说不会有什么差异，但如果你斜着眼睛去看，还会以为差异很大。所以君子根据人所共有的道理来教导人，只要他能改正错误、实行道就行。倘若一个人能做到忠恕（忠于自己和体谅别人），那么距离道也就不远了。凡是自己不愿意做的事，也不要强加给别人。君子之道有四项，可我孔丘却连其中的一项也做不到：用我所要求子女侍奉父亲的标准来孝顺父亲，我没有做到；用我所要求臣下服待君王的标准来竭尽忠诚，我没有做到；用我所要求的弟弟对兄长所应有的敬重恭顺，我没有做到；用我所要求朋友应该先做到的，我没有做到。平常的道德要竭尽全力去践行，平常的言论要时刻保持谨慎，倘若还有做得不周到的地方，就不敢不更加努力去做；言谈要留有余地，不敢把话说尽。说话时要考虑是否符合自己的行为，行动时要考虑是否符合自己的言论，如果能真正做到这样，君子又怎么会不忠厚笃实，以使自己的言行一致呢？"

【解读】

本章讲道不远人，以忠恕即絜矩之道为眼，而以修己、责己为重心，亦与下章"正己而不求于人"之义相应，故朱子《中庸章句》称"道不远人，凡己之所以责人者……反之以自责而自修焉"。

宋张九成《中庸说》"读'人之为道而远'为一句，'人不可以为道'为一句"。翟灏《四书考异》卷二称，朱子《中庸或问》以为"以人为道，则于道为二，而远于道，故戒人不可以为道"，故朱子"亦于'远'字绝句"。（转引自翟灏《四书考异》卷二）从"远人"处断句，与上"道不远人"衔接甚佳。若断句为"人之为道而远"，则下面当读"人人不可以为道"，或以为多一"人"字，此与下句读为"人不可以为道"，皆不可通。且本句意思与下文衔接，均指道在日常。

"以人治人"，可以说是中国文化治道特征之一。即中国文化不流行以物、以法、以上帝等非人、超人来治人。所谓"缘人情而制礼"亦是此义，凡脱离人情、不合乎人情的东西，皆为中国人所不喜。

"忠恕"二字，毛奇龄以尽己、修己为核心，故以忠为主。毛氏以忠为尽己，恕为推己，"尽人在尽己，成己即成物"，故"修在己，不复教在人也"。（《续礼记集说》卷八十七《中庸》）楼宅中则以无私、不自利为核心，故以恕为主。楼氏批评程颐"自尽为忠，推己为恕"，使忠、恕"直分两义"。楼氏以无私解恕，称"诂忠作厚解，恕作仁解"，故"忠在恕字中"，故曰"圣贤学问只是去私利，以天地万物为一体"。（《续礼记集说》卷八十七《中庸》）下文讲絜矩之道，确是恕道；然最后落脚于自修，即"不敢不勉""胡不慥慥"，似以毛说为上。

楼宅中曰："施诸己两句，与下节所求乎子四段，俱只恕字。"（《续礼记集说》卷八十七《中庸》）此言甚当。此段意思孔疏解释甚明。此处所讲实即《大学》中的"絜矩之道"。从絜矩之道讲道不远人。"施诸己而不愿，亦勿施于人"，"所求乎子，以事父，未能也；所求乎臣，以事君，未能也"，皆是絜矩之道。絜矩之道即是恕道。"未能"之"能"，可联系第7、9、11、12章之"能"理解。

朱子《中庸章句》："慥慥，笃实貌。"盖从郑注而来。钱大昕《潜研堂文集》卷三称"古书造与慶通""慥慥犹慶慶""当取不自足之意"，引《韩非子·忠孝篇》《孟子》《大戴礼·保傅篇》及贾谊《新书》等为证。王引之《经义述闻》称，"慥慥"郑注读"守实，言行相应之貌"，恐非。慥慥，当读"慶慶"。王引之以为"慥慥"不指"不自足"，非指自谦，而指急迫，"慥慥，黾勉不敢缓之意，汲汲耳"。前面讲絜矩，即恕道；此处讲修己，近忠道，是本章落脚处。

14.君子素❶其位而行，不愿❷乎其外。素富贵，行乎富贵；素贫贱，行乎贫贱；素夷狄，行乎夷狄❸；素患难，行乎患难。君子无入而不自得❹焉。在上位，不陵❺下；在下位，不援❻上。正己而不求于人，则无怨。上不怨天，下不尤❼人。故君子居易以俟命❽，小人行险以徼幸❾。子曰："射有似乎君子，失诸正鹄❿，反求诸其身。"

【注释】

❶素：依据、处于。《广雅·释诂三》："素，本也。"引申为依据、处于。

❷愿：羡慕。

❸夷狄：夷：东方部族；狄：西方部族。指当时的少数民族，亦泛指文明未开化的部族。

❹患难：忧患灾难。

无入：不论出于何种情况。

自得：对自己的处境感到满意。郑注："自得，谓所乡不失其道。"

❺陵：同"凌"，欺侮、欺凌。

❻援：攀缘。

❼尤：责备、抱怨。

❽居易：处于平易安全的境地。

俟命：等待天命。

❾徼幸：徼，同"侥"，贪求、妄图；幸：非分的收获。即妄图得到非分的收获。朱熹注："徼，求也。幸，谓所不当得而得者。"

❿正鹄（gǔ）：指箭靶中心的圆圈。画在布上的叫作正，画在皮上的叫作鹄。朱熹注："画布曰正，栖皮曰鹄，皆侯之中，射之的也。"

【译文】

君子按照现在所处的位置去做应做的事，不羡慕本分以外的事情。处于富贵的境地，就做富贵之人所应做的事；处于贫贱的境地，就做贫贱之人所应做的事；处于夷狄之人的境地，就做夷狄之人所应做的事；处于忧患灾难之中，就做在忧患灾难之中所应做的事。君子无论处于何种情况下，都对自己的处境感到满意。处于上位，不欺侮在下位的人；处于下位，不攀缘在上位的人。端正自己的行为态度而不苛求别人，这样就不会有什么抱怨了。上不抱怨天，下不责怪人。所以，君子安分守己来等待天命，小人却肆无忌惮，妄图通过铤而走险来获得非分的东西。孔子说："君子立身处世的道理就如同射箭一样，如果没有射中靶子，就要回过头来寻找、反省自身的问题。"

【解读】

本章讲明修行日用人伦之道的途径，以"素其位而行"为眼。所谓"素其位而行"，即是指按照自己所处的境况去做应当做的事情。本章列举富贵、贫贱、夷狄、患难四种境况，即意在说明这一点。而要做到这一点的关键在于"正己而不求于人""反求诸其身"，即遇到问题应当内省，而非责备、怪罪他人。

"射有似乎君子，失诸正鹄，反求诸其身"一句，《孟子·公孙丑上》作"仁者如射，射者正己而后发。发而不中，不怨胜己者，反求诸己而已矣"。与此意思相近，可相互参看。陶起庠《四书集说·中庸卷二》解读此句为："射，一艺也，而有似乎君子之心。盖射期于中，若失诸正鹄不中，则反而求诸其身，以为内志未正，外体未直，而不怨人之胜己者。"此处譬喻极好！我们在与他人进行射箭比赛时，总是想着射中靶心，战胜对手，脑子里全是充斥着争强好胜、与他人比较的想法，这样就偏离了儒家"六艺"的初衷。学习这些技艺不是为了争胜炫耀，和他人进行比较，而是为了完善自己。

至于素字，郑玄注："素皆读为傃。'不愿乎其外'谓思不出其位也。"朱子《中庸章句》则曰："素，见在也。言君子但因见在所居之位而为其所当为，无慕乎其外之心也。"毛奇龄批评朱子"见在"之说，称："素，犹本也，谓本如是也。……素位者，即本来故有之位。"毛氏引《丧服小记》"素无服素有服"、《仪礼·丧服》"既练饭素食"注，进一步以"已然""未然"之分释"素"，素指已然发生；"素位是已然事，愿外是未然事"。故夫子答子路"君子固穷""便是守素"，"子路愠见便是愿外"。(《续礼记集说》卷八十七《中庸》)毛氏"已然"与朱子"见在"无大异，然其"已然""未然"之分有助理解。联系下文"上不怨天，下不怨人"，则"素位"就是不怨天尤人，"愿外"就是怨天尤人。

王充《论衡·幸偶篇》引"孔子曰：君子处易以俟命，小人行险以徼幸"，则此句为孔子话。《大戴礼·曾子本孝篇》曾子引此语论孝。朱子《中庸章句》曰："'居易'，素位而行也。'俟命'，不愿乎其外也。"朱子以"易"指"素位"，或未必妥，易与险对，郑玄注"易，犹平安也"，易即是下面"不求于人"之义，亦即不怨天尤人，亦即下文"反求诸其身"。

郑玄注："画布曰正，栖皮曰鹄。"孔颖达疏："正谓宾射之侯，鹄谓大射之侯。"陈佑补曰："正、鹄皆鸟名，郑氏谓齐鲁间以题肩为正。正黗而鹄小，皆难中之物，故射侯用之。则正鹄本射侯通称。旧注'画布曰正，则绘五色于布间，而以朱居中为的。正者，朱音之转也。且谓大射张皮侯，则栖鹄；宾射张布侯，则设正。各不同。"张佑之说可谓行备矣，所引郑氏之说见《仪礼·大射仪》注。(《续礼记集说》卷八十七《中庸》)

15.君子之道，辟如行远必自迩❶，辟如登高必自卑❷。《诗》❸曰："妻子好合❹，如鼓瑟琴❺；兄弟既翕❻，和乐且耽❼。宜尔室家❽，乐尔妻帑❾。"子曰："父母其顺❿矣乎！"

【注释】
❶辟（pì）：同"譬"，譬如。
迩（ěr）：近处。
❷卑：低处。
❸《诗》：指《诗经·小雅·常棣》。
❹妻子：妻子和儿女。
好（hào）合：和睦相处。
❺鼓：弹奏。瑟琴：据说伏羲发明琴瑟，琴与瑟均由桐木制成，以丝绳为弦。琴初为五弦，后改为七弦，瑟二十五弦。
❻翕（xī）：和顺、融洽。
❼耽：《诗经》原作"湛"，安乐。
❽宜：安。
室家：夫妇。孔颖达疏："《左传》曰：'女有家，男有室。'室家，谓夫妇也。"
❾帑（nú）：通"孥"，儿女。
❿顺：安乐舒畅。

【译文】
君子所行的道，就像走远路一样，必定要从近处开始；就像登高山一样，必定要从低处开始。《诗经·小雅·常棣》

篇说:"妻子儿女和和睦睦,就像弹琴鼓瑟一样和谐。兄弟关系融洽,和顺安乐而感情深厚。你的家庭和乐美满了,你的妻子儿女也会愉快。"孔子感叹说:"这样,他的父母大概就会顺心如意了吧!"

【解读】

本章阐发修行人伦日用之道,以"行远必自迩,登高必自卑"一句为眼。以"行远必自迩,登高必自卑"为譬喻,旨在说明,好比高远必自卑近为始,君子修养道德也必须在日用常行之中进行,正如郝敬所言"从古掀天揭地之功,只在寻常人伦庶物间"(《礼记通解》卷十八)。引用《诗经》和孔子之言,旨在阐明君子之道要从齐家开始,而齐家就是要使妻儿和睦、兄弟融洽、父母顺心。

孔颖达疏:"但勤行道于身,然后能被于物,而可谓之高远耳。"毛奇龄曰:"卑迩即不远,即素位,即大孝、继述、达孝诸庸德,然而诚在其中焉。"(《续礼记集说》卷八十七《中庸》)毛氏将此章章旨与第13、14章相联,又下贯到第17—19章论舜、文、武、周公之德,盖因第13—14章从修己讲,第15章从齐家讲,而第17—19章所论圣人之德以孝为基础,体现了由齐家而治平。

辟,唐石经本、卫湜《礼记集说》本皆作"譬"。耽,《小雅》作湛,《韩诗外传》卷八亦作耽。帑,《释文》:"帑,音奴,本又作孥,同。"孔颖达疏:"帑,帑子也。古者谓子孙为帑,故《甘誓》云:'予则帑戮女。'于人则妻子为帑,于鸟则鸟尾为帑,《左传》'以害鸟帑'是也。"

孔颖达疏:"谓父母能以教令行乎室家,其和顺矣。"言中庸之道先使室家和顺，乃能和顺于外。毛奇龄以为，以兄弟与妻子相比，则"兄弟迩而妻子远"（"兄弟天合，夫妇人合"），故曰"行远必自迩"；以兄弟、妻子与父母相比，则妻子、兄弟卑，而父母高，故后加"父母其顺"。(《续礼记集说》卷八十七《中庸》) 毛氏认为兄弟、妻子与父母三者之间有迩远、卑高之分，以此说明开头行远自迩、登高自卑之义，而引《诗》及"子曰"，皆是为了证明前面"行远自迩登高自卑"。然若联系此章与下面数章，特别是第20章答为政，亦何不可说兄弟、妻子及父母皆是齐家之论，相比于天下国家，兄弟、妻子、父母皆室家卑迩之事，通全书后面讲至德、圣德于天下之功效，与《大学》修齐治平相贯通，亦皆是此义。

16.子曰："鬼神之为德❶，其盛矣乎！视之而弗见，听之而弗闻，体物❷而不可遗。使天下之人，齐明盛服❸，以承祭祀。洋洋乎❹！如在其上，如在其左右。《诗》❺曰：'神之格思❻，不可度❼思，矧可射❽思。'夫微之显❾，诚之不可揜❿如此夫！"

【注释】

❶鬼神：指人格神，泛指神灵。

德：功效。

❷体物：体察、生养万物。郑玄注："体，犹生也。"

❸齐（zhāi）：通"斋"，斋戒。

明：洁净。

盛服：盛装。

❹洋洋乎：充满的样子。朱熹注："流动充满之意。"

❺《诗》：指《诗经·大雅·抑》。

❻格思：来临；思，语气词。

❼度（duó）：揣度。

❽矧（shěn）：况且。

射（yì）：《诗经》作"斁"，厌，指厌怠不倦。朱熹《中庸章句》："射，音亦，《诗》作斁。……射，厌也，言厌怠而不敬也。"今本《毛诗·大雅·抑》作"射"，不作"斁"。

❾微之显：指鬼神之事既隐微又明显。

❿揜（yǎn）：掩盖、遮蔽。

【译文】

孔子说："鬼神所发挥的功效，那可真是盛大啊！尽管既无法看见它，也无法听见它，但它的功效却切切实实地体现在万物上而无所遗漏。使天下的人都斋戒沐浴、清洁身心，穿着庄重整齐的衣服来虔诚地祭祀它，这时鬼神的形象就会流动充满其间，既好像在你的头上，也好像在你的身旁。《诗经·大雅·抑》篇说：'鬼神的降临，不可揣度，怎么能够懈怠不敬呢？'鬼神的形象从隐微虚无到功德显著，是这样真实无妄而不可加以掩盖的啊！"

【解读】

此章以鬼神为例，说明诚之功——慎独——何以能体现隐之见、微之显的道理。此道理在后面各章得以体现，特别是第22—26章、第31—33章体现得尤其明显；亦与首章相呼应。朱子《中庸章句》曰："不见不闻，隐也。体物如在，则亦费矣。此前三章，以其费之小者而言。此后三章，以其费之大者而言。此一章，兼费隐、包大小而言。"朱子以费隐解此及第二节各章关系甚确，缺憾是未联系首章隐微与显见而论。

郑玄注："体，犹生也。""不有所遗，言万物无不以鬼神之气生也。"故孔颖达疏谓"鬼神之道生养万物而无不周遍"。朱熹注"体物"指"为物之体"，"体物不遗"指鬼神进入物内、成为其体，生之养之，而不遗一物。（朱子之释，启后世从体用分释微显，然于原文无据。清儒楼宅中提及，时人王岱以为不见不闻是体之微，体物不遗是用之费，为张雏隐所驳。张雏隐指出，"微显与体用原不相属"，若从体用言鬼神之德，须知"无体在德外"，经文"只以体物徵德之盛"，"不见不闻"只为了起下句，"谓如此不见闻而体物如是，所以盛也"，"则体物即德盛矣"。此说否定从体、用分言微与显，但就鬼神而言，微显本不分。见《续礼记集说》卷八十七《中庸》。）

所谓"万物无不以鬼神之气生"，殊不可解，亦不合文本。朱子承张载鬼神二气良能说，将鬼神解释为阴阳二气，于是鬼神指"一阴一阳之道"，毛奇龄干脆以道释鬼神（《续礼记集说》卷八十七《中庸》）。此类解释似过曲折，引申太多。从下文看，鬼神并非在讲二气、阴阳或道，更未提及生物，只在讲人们心目中的鬼神。今按：《周礼·天官》"体国经野"，郑玄注："体，犹分也"，以分释体。《礼记·文王世子》"外朝以官体异姓也"，郑玄注："体，犹连结也。"《礼记·学记》"就贤体远"，郑玄注："体，犹亲也。"《礼记·中庸》"体君臣也"，郑玄注："体，犹接纳也。"同一"体"字，郑氏分别释为分、连结、亲、接纳，此处则释为生。体为动词，含义固多样，然与前面连结、接纳、亲之义相近，而此处释为生则不可解，不如释为亲近。《易·文言》"君子体仁"，孔颖达疏释为"君子之人体包仁道"，则"体"似指以己身而纳物，比如今日汉语中"体会""体悟""体验""体认"，皆指以己身而知会某事物。故"体物"指鬼神以己之身亲近、容纳人物，故下文云"使天下之人，齐明盛服""神之格思"等。读体为生，或"为物之体"，似不如此解为顺。《周礼·天官》"体国经野"之体，亦当释为亲近、接纳，即《中庸》"体群臣"郑玄注之义。

毛奇龄曰："德不可验，仍当于微显中验之，所谓费隐也。如视不可见、听不可闻，一何隐微？而乃以无体之体育物不遗，则正隐而见、微而显者。""不见不闻，而显见如此，实有之故也，诚也。"（《续礼记集说》卷八十七《中庸》）冯氏曰："鬼神德盛，即'穷神知化，德之盛也'；体物不遗，即'神无方而易无体，曲成万物而不遗'也。皆道也，则皆德也。"（《续礼记集说》卷八十七《中庸》）毛远宗曰："《中庸》言诚，兆于慎独，而此始指出之。"（《续礼记集说》卷八十七《中庸》）楼宅中曰："不见不闻是微，洋洋如在是显。"（《续礼记集说》卷八十七《中庸》）

17.子曰："舜其大孝也与！德为圣人，尊为天子，富有四海之内，宗庙飨❶之，子孙保❷之。故大德必得其位，必得其禄，必得其名，必得其寿。故天之生物，必因其材而笃❸焉。故栽者培❹之，倾则覆❺之。《诗》❻曰：'嘉乐君子，宪宪令德！宜民宜人，受禄于天；保佑命之，自天申❼之。'故大德者必受命❽。"

【注释】

❶宗庙：古代天子、诸侯祭祀先王之所。《穀梁传·僖公十五年》曰："天子七庙，诸侯五，大夫三，士二。……始封必为祖。"《荀子·礼论》曰："王者天太祖，诸侯不敢坏，大夫士有常宗……故有天下者事七世，有一国者事五世，有五乘之地者事三世，有三乘之地者事二世，持手而食者不得立宗庙，所以别积厚，积厚者流泽广，积薄者流泽狭也。"《礼记·王制》曰："天子七庙，三昭三穆，与太祖之庙而七。诸侯五庙，二昭二穆，与太祖之庙而五。大夫三庙，一昭一穆，与太祖之庙而三。士一庙。"此宗庙与第19章"春秋修其宗庙"之宗庙同义。此处宗庙是尧所立之庙、舜所立之庙，抑舜之后（包括舜之子孙或禹）为舜所立之庙？朱熹《中庸章句》似主舜之子孙为舜所立庙，毛奇龄主舜为先圣所立七庙，许谦主禹为舜所立庙。毛奇龄反对尧庙说，以为《章句》未注"宗庙"一句"因惑于苏轼谬说，谓舜为尧后，不自立庙"，并称"舜自立七庙，明见经传"，并举孔安国注神宗庙，据《大戴礼记·帝系》谓舜之七庙以黄帝为始祖，而接以颛顼、穷蝉二桃，敬康、句芒、蟜牛、瞽瞍四亲；另一证据是马融于《尚书·益稷》"戛击鸣球"亦云"舜释瞽瞍之丧，祭宗庙之乐"。又据《礼记·祭法》"有

虞氏禘黄帝而郊喾，祖颛顼而宗尧"，认为此处祭祖宗皆在舜庙，而非尧庙，"禘与祖皆宗庙祭名"。(《续礼记集说》卷八十七《中庸》)元代许谦《读四书丛说》卷二《读中庸丛说》称："'宗庙飨之'却是就舜身上说。昔者舜传禹，禹既即位，祀舜为宗。"毛远宗以为此说无出，且若如此与本章之旨舜之大孝无与，认为此乃误读《国语》"有虞氏禘黄帝而郊尧，祖颛顼而宗舜"语，认为此语有误。(《续礼记集说》卷八十七《中庸》)《尚书·咸有一德》曰："七世之庙，可以观德"，《伪孔传》曰："天子立七庙，有德之王则为祖宗，其庙不毁，故可观德。"(见《太平御览·礼仪部》)有虞氏以舜为宗，因舜为有虞封君，其子孙为舜立庙未尝不可能。然《中庸》此外称颂舜大孝，故当以指立宗庙祭其先为解，且下文"子孙保之"亦当是指舜保佑其子孙。朱熹《中庸章句》于此处虽未明说，然以子孙指舜之后人，如"虞思、陈胡公之属"，则当亦以宗庙指舜之后所立以祀舜。下章论武王亦曰"尊为天子，富有四海之内，宗庙飨之，子孙保之"，从上下文看似指武王子孙为之立庙，且均是论孝，故二毛氏之说未必正确。

　　飨（xiǎng）：祭祀供奉。

❷保：保持、维持。

❸材：资质。孔颖达疏："材，质性也。"

　　笃：厚、加。蔡清《四书蒙引》卷三注："厚也，即加也。"

❹栽：栽培。陆德明《经典释文》曰："栽，植也。"

　　培：培育、扶植。

❺覆：倾覆、倾倒。

❻《诗》：指《诗经·大雅·假乐》。

❼嘉乐：今本《诗经》作"假乐"；假（xiá），美善。

宪宪：今本《诗经》作"显显"，显明兴盛之意。

令德：美好的德行。

宜民宜人：宜养万民与百官。孔颖达疏："宜民，谓宜养万民；宜人，谓宜官人。"宜是使动用法，即第15章"宜尔室家"之宜。

申：告诫。

❽受命：承受天命而得天子之位。朱熹注："受命者，受天命为天子也。"孔颖达疏以为指"天乃……命之为天子"，唯毛奇龄以为受命不必指得位，举文王、孔子虽无位而受命为例。其中据孔颖达疏所引《演孔图》"圣人不空生，必有所制，以显天心，丘为木铎，制天下法"，称此"即是天命"。(《续礼记集说》卷八十七《中庸》)毛说虽有据，然不必以文王、孔子与舜同样看之，就舜而言，受命当是得位。

【译文】

孔子说："舜可以说是一个大孝之人了吧！论德行他是圣人，论尊位他是天子，论财富他坐拥天下，世世代代在宗庙里受到祭祀供奉，子子孙孙都保持他的祭祀。所以说，有大德的人必定得到他所应得的尊位，必定得到他所应得的厚禄，必定得到他所应得的美名，必定得到他所应得的寿考。所以，上天生养万物，必定根据他们的资质而增益之。能栽培的就扶植他，不能栽培的就倾覆他。《诗经·大雅·假乐》篇说：'和乐善良的君子，拥有光明显著的德性！他能够让万民和百官都能安居乐业，所以能承受上天所赐予的福禄；上天保佑他，任用他，并给予他重大的使命。'所以有大德的人，必会承受天命而成为天子。”

【解读】

此章以德（孝）为主题，以论证"大德者必得××"的德福一致之理。德福、德位之所以一致，关键在于天道的公正性，"必因其材而笃焉"，即根据万物的资质而增益之。正如蔡清所言："'必因其材而笃焉'，言因其材而有所加也。'笃'字非全好字，'栽者培之'固笃也，'倾者覆之'亦笃也，因其本质之异而异其所加也。"（《四书蒙引》卷三）

本章所用的"材""栽""培"等字，其本义是用于形容植物生长的。在这里挪用于指人的材质，是一种隐喻，旨在说明德福一致的正当性就好比植物的生长规律一样，客观而自然。正如唐文治所言："因材而笃，所谓天演之公理也。凡培之覆之者，皆物之所自为也。培者，扶之、植之也。天之于物，所以扶之、植之者，必其物有可以扶、可以植之道。若本无可扶，本无可植，虽勉强以扶之植之，终必倾覆而后已。"（《四书大义·中庸大义》）

18.子曰："无忧者，其唯文王❶乎！以王季❷为父，以武王❸为子，父作❹之，子述❺之。武王缵大王、王季、文王之绪❻，壹戎衣❼而有天下。身不失天下之显名，尊为天子，富有四海之内，宗庙飨之，子孙保之。武王末❽受命，周公成文武之德❾，追王大王❿、王季，上祀先公⓫以天子之礼。斯礼也，达乎诸侯大夫及士庶人。父为大夫，子为士，葬以大夫，祭以士。父为士，子为大夫，葬以士，祭以大夫。期之丧^⑫，达乎大夫。三年之丧，达乎天子。父母之丧，无贵贱，一也。"

【注释】

❶文王：即周文王，姓姬，名昌。推行善政教化，使得近者悦，远者来，诸侯归心，三分天下有其二。武王克殷后，追尊为文王。亦有说"文"是其生前尊号。

❷王季：周太王季子，文王父亲，名季历。太王卒，季历即位，后传位于文王。武王坐拥天下后，追尊为王季。孔颖达疏曰："王季能制作礼乐，文王奉而行之。"

❸武王：即周武王，文王之子，姓姬名发，谥号武。孔颖达疏曰："'以武王为子'，武王又能述成文王之道，故无忧也。"据此，"父作"指王季制作，"子述"指武王述成。下章赞武王"善继人之志，善述人之事"，亦是从继、述论孝，与此处用词同，而角度不同。文王、武王，其继先志同，述事则不同。武王能述父之事，故达孝；文王能使子述其事，故无忧。

❹作：创造。

❺述：继承。

❻缵（zuǎn）：继续。

大王：太王，即王季父亲古公亶父。

绪：功业。

❼壹戎衣：朱熹注"戎衣，甲胄之属"。即统一穿着甲

胄，依据伪《孔传》之说。郑玄注："衣"读如"殷"，系声之误。"衣"是误字。又据《尚书·康诰》有"殪戎殷"之说，"壹"同"殪"，灭之意，"戎"作"大"解，故"壹戎衣"即"灭大殷"。

❽末：晚年。郑玄注："末，犹老也。"晁福林以为末读老不妥，改读为未，似亦未安。(《〈中庸〉"武王末受命"解》)刘国忠据清华简释末为终。(《据清华简释〈中庸〉"武王末受命"》)刘盖以为文王受天之命在先而未竟，武王受天之命在后而始成，故末当训终。刘国忠之说较早见于南宋谭惟寅。若依此解，则凸显文王受命而未竟，似不符文意。又，《史记·周本纪》亦载武王革殷后有"自发未生，于今六十年"之言，则郑氏之解似有据(阎若璩《古文尚书疏证》卷七亦同此说)。又《周本纪》载："武王再拜稽首，曰：'膺更大命，革殷，受天明命。'"是文、武皆受天之命也。

❾周公：武王之弟，名旦，辅佐武王伐纣。

德：德业。

❿追王(wàng)大(tài)王：追尊……为王。朱熹《中庸章句》："大，音泰。……追王，盖推文武之意，以及乎王迹之所起也。"毛奇龄指出，追王本是武王事，何以归之周公，且不及文王？毛以为武王为天子，"老而受命，不能制礼"，故唯周公能之。(《续礼记集说》卷八十七《中庸》)

⓫先公：郑玄注："先公，组绀以上至后稷也。"毛奇龄以为先公不当包括后稷，因后稷虽不在追王之列，但亦当称先王，否则庙只能称先公庙、无法称先王庙，因后稷为七世主。《武成》"惟先王建邦启土"，先王即指后稷。依毛说，则"先公自组绀以上，至于不窋，不及后稷"。

⑫ 期（jī）之丧：满一年的丧期。

【译文】

孔子说："没有什么可忧虑的，大概只有周文王了吧！他有王季这样的父亲，有武王这样的儿子。父亲开创了基业，儿子继承了功业。武王继承了太王、王季、周文王的基业，灭掉了大国殷，夺取了天下。他本身没有失掉显扬天下的美名，成为尊贵的天子，拥有四海之内的疆土，社稷宗庙祭祀、供奉他，子子孙孙永保周朝王业。武王晚年才承受天命做了天子，周公完成文王、武王的德业，追尊太王、王季为王，又用天子之礼追加祭祀历代祖先。而且将这种礼制，推行到诸侯、大夫、士和庶人。按照这种礼制，如果父亲身为大夫，儿子身为士，那么父亲死后，就用大夫礼安葬，用士礼祭祀。如果父亲身为士，儿子身为大夫，那么父亲死后，就用士礼安葬，用大夫礼祭祀。服丧一周年的丧制，从平民通行到大夫为止。服丧三年的丧制，从平民一直通行到天子。至于为父母服丧，则不论身份尊卑贵贱都是一样的。"

【解读】

本章与上章皆言孝，所不同的是本章论孝的主体是文王而非大舜。

下面对本章疑难点作一分析：

（1）父作子述。孔颖达疏："'以武王为子'，武王又能述成文王之道，故无忧也。"据此，"父作"指王季制作，"子述"指武王述成。下章赞武王"善继人之志，善述人之事"，亦是从继、述论孝，与此处用词同，而角度不同。文王、武王，其继先志同，述事则不同。武王能述父之事，故达孝；文王能使子述其事，故无忧。

（2）祭祀、丧礼。"周公成文武之德，追王大王、王季，上祀先公以天子之礼……父母之丧，无贵贱，一也"一整段都是讲祭祀之礼、丧葬之礼。朱熹《中庸章句》曰："此言周公之事"，"制为礼法，以及天下，使葬用死者之爵，祭用生者之禄。丧服自期以下，诸侯绝，大夫降；而父母之丧，上下同之，推己及人也。"毛奇龄提出，"追王是改庙号，上祀是改祭"，故"上祀先公只改祭而不改葬，追王则当改葬"。毛认为改葬主要是改墓位，如天子树松、四碑，诸侯树柏、二碑之类。《春秋》庄三年、《公》《穀》有改葬桓王之说。按：追王当改葬，承自郑注。章大来指出，后世有"父母有不三年者"，如"父在母不三年，妇为夫之父母不三年，庶子不为生母三年"，且《左传》所载春秋时"父母之丧亦有贵贱各异者"，故称《中庸》"父母之丧无贵贱，一也"，"真证谬礼之言"。（《续礼记集说》卷八十七《中庸》）

19.子曰："武王、周公，其达孝❶矣乎！夫孝者，善继人之志，善述❷人之事者也。春秋修其宗庙，陈其宗器❸，设其裳衣❹，荐其时食❺。宗庙之礼，所以序昭穆❻也。序爵❼，所以辨贵贱也；序事❽，所以辨贤也；旅酬❾下为上，所以逮贱❿也；燕毛，所以序齿⓫也。践其位，行其礼，奏其乐，敬其所尊，爱其所亲，事死如事生，事亡如事存，孝之至也。郊社之礼，所以事上帝也；宗庙之礼，所以祀乎其先也。明乎郊社之礼，禘尝⑫之义，治国其如示诸掌⑬乎！"

【注释】

❶达孝：即天下公认的孝；达，通之至。朱熹曰："达，通也。承上章而言武王、周公之孝，乃天下之人通谓之孝，犹孟子之言达尊也。"真德秀曰："武王、周公之孝，天下称之无异辞，故曰达。"(《四书大全·中庸章句大全》)朱熹《中庸章句》解"达孝"为"天下人通谓之孝"，如《孟子》所谓"达尊"，则"达"指人人皆适、皆然之义。毛奇龄批驳此说，谓达指"通之至"，称："达，孝之通达无间者。如《尔雅》九达之达，谓通之至也。"毛又说，《中庸》首章"达道"，若依朱注则指"通谓之道"，《三年问》"三年之丧，天下之达丧"则指"通谓之丧"。似以毛说为上。(《续礼记集说》卷八十七《中庸》)

❷善继：很好地继承。《说文》："继，续也。"

志：理想、抱负。《广韵》："志，意慕也。"

善述：很好地传承。《说文》："述，循也。"

❸修：修缮。

陈：列。

宗器：祭祀用的器物。郑玄注："祭器也。"朱熹《中庸章句》释为"先世所藏之重器，若周之赤刀、大训、河图之属"，毛奇龄非之，谓："宗器即宗庙祭器，如尊罍、盨斝、盨盛、笾豆类。《宗伯·肆师职》所云殷器、陈告备者，即陈器也。"毛远宗曰："若赤刀、大训等名玉镇，又名大宝器，惟有大享大丧则取陈之……若祭则非大禘大袷，如盘庚所称

兹予大享于先王，则不得陈焉。"(《续礼记集说》卷八十七《中庸》)

❹裳（cháng）衣：先祖遗留的衣服。朱熹注："裳衣，先祖之遗衣服，祭则设之以授尸也。"

❺荐：献。

时食：时令物品。朱熹《中庸章句》曰："时食，四时之食，各有其物，如春行羔、豚、膳、膏、香之类是也。"毛奇龄曰："时祭惟用时物，然在鼎俎铏笾，则各有限制，四时不异。"(《续礼记集说》卷八十七《中庸》) 楼宅中曰："荐与祭有别。但上三句皆祭礼，不得此句独是荐礼。此荐，进也，犹盥荐之荐，礼所称荐俎荐羞者是也。"(《续礼记集说》卷八十七《中庸》) 楼氏欲辨此"荐"非是祭礼之外别有一礼。又，"设其裳衣，荐其时食"两"其"字，当指七庙中祖先。

❻宗庙之礼，所以序昭穆：昭穆，宗庙中神主排列的次序，一般始祖居中，父子按左昭右穆顺序排列。《礼记·祭统》曰："夫祭有昭穆，昭穆者，所以别父子远近长幼亲疏之序而无乱。"毛奇龄曰："宗庙之礼以大享言，故宗族俱至。虽礼冠诸文王，而宗庙所重在合宗。故曰'所以序昭穆'。"(《续礼记集说》卷八十七《中庸》) 毛并强调，昭穆分生者与死者，且排序不同。所谓生者昭穆，盖指活者参加者之排序。"祖宗庙次与子孙世次截然两事，周之懿孝，姪居叔上，鲁之闵僖，弟在兄前。"故《祭统》云："惟有事大庙，则群昭群穆咸在，而不失其伦。"(《续礼记集说》卷八十七《中庸》)

❼序爵：按照爵位次序排列。毛奇龄云："序爵序事，

俱属同性。""考庶子公族礼，唯内朝不序爵，外朝即序爵，而至于宗庙之中，则一如外朝之位。遇有贵者，则一如党正。"（《续礼记集说》卷八十七《中庸》）序事是指"宗人授事以爵以官。'以爵'，曰贵贱异位也；以官者，官各有所守。……以爵为位，崇德也；宗人授事以官，尊贤也"（《续礼记集说》卷八十七《中庸》）。

⑧序事：排列宗、祝等有司的职事。

⑨旅酬：众人举杯劝酒。旅，众；酬，以酒相劝。朱熹注："旅，众也。酬，导饮也。旅酬之礼，宾弟子兄弟之子各举觯于其长而众相酬。"孔颖达疏："下者先饮，是下者为上。"然毛奇龄《四书改错》卷九《旅酬》称，所谓"下为上"，指"祭以神为上，祭者为下尸，自止其爵，而使均惠于在庭，是为下为上所酬也"。毛氏又论"旅酬礼在燕与祭俱有之"，并论其细节，指"致爵毕，行旅酬礼。宾乃取觯酬长兄弟，长兄弟取觯酬宾，于是众宾众兄弟彼此相酬"。（《续礼记集说》卷八十七《中庸》）清人陈佑以为，此处旅酬"重在下、就卑贱言"，与《燕义》旅酬"重在上，就尊长边言"不同。（《续礼记集说》卷八十七《中庸》）

⑩逮（dài）贱：指先祖的恩泽惠及位卑年幼者。

⑪燕毛：指宴饮时，依照毛发的颜色区分长幼的坐次；燕，同"宴"。朱熹注："燕毛，祭毕而燕，则以毛发之色别长幼为坐次也。"毛奇龄曰燕毛"是祭毕赐爵之礼"，"在献爵加爵致爵无算爵之后，又行赐爵一礼，以序长幼者。但赐是赐予，而此又名燕者，以任其欢燕。……其曰毛者，以毛发序长幼……昭与昭齿，穆与穆齿"（《续礼记集说》卷八十七《中庸》）。

序齿：即依照年龄排序；齿，年龄。因牛马每岁生一齿，故以齿计算牛马的岁数，后亦代指人的年龄。

⓬ 禘（dì）尝：此代指四时祭祀。禘，天子在夏天举行的祭祀；尝，秋祭。

⓭ 示诸掌：如同看手掌上的东西一样容易；示，通"视"。《论语·八佾》："或问禘之说。子曰：'不知也。知其说者之于天下也，其如示诸斯乎！'指其掌。"此两处所表述内容虽不同，但《中庸》显然是继承了这一理路。

【译文】

孔子说："武王和周公，大概是天下公认的至孝之人了吧！所谓孝，指的是能够很好地继承先人的遗志，完成先人未竟的事业。每逢春秋举行祭祀之时，修缮祖庙，陈列好祭祀用的器物，摆设好祖先穿过的衣裳，供奉时令物品。宗庙中的祭祀礼节，是用以排列远近、长幼、亲疏的次序；排列爵位的次序，是用以辨别官位尊卑的；排列各种职事的次序，是用以判别子孙才能高低的；祭祀后众人轮流举杯劝酒时，位卑年幼的人应当向位尊年长的人敬酒，是用以显示先祖的恩泽惠及位卑年幼者的身上的；祭毕宴饮时，依照头发的黑白程度来排列座次，是用以区分长幼次序的。供奉好先王的牌位，举行先王留下的祭礼，演奏先王时代的音乐，敬重先王所尊敬的人，爱护先王所爱护的子孙臣民，侍奉死者如同他在世时一样，侍奉亡故的人如同他活着时一样，如果能做到这样，便是孝道的极致了。祭祀天地的礼节，是用来侍奉上帝的。祭祀宗庙的礼节，是用来祭祀自己祖先的。明白了祭祀天地的礼节和四时举行禘尝诸祭的意义，那么治理国家就如同观看手掌上的东西一样清楚简单容易了。"

【解读】

本章承上章而言武王、周公之达孝,所谓达孝,即天下公认之孝。上章虽重点讲武王、周公,但以文王无忧为旨,故这里有重讲武王、周公之必要性。从舜大孝,到文王无忧,再到武王、周公达孝,一路讲下来。武王、周公之孝在于能够很好地继承先祖未竟的遗志和事业。并以宗庙祭祀之礼为例,说明其如何善继、善述。但值得疑问的是,最后一句"明乎郊社之礼,禘尝之义,治国其如示诸掌乎!"何以明白了祭祀天地四时的礼仪,就能明白治国之道,二者有何必然联系?

这一疑问也体现在焦竑那里,他说:"问:'祭祀之礼,何关于治国?明此礼者,治国如示诸掌,何也?'曰:'即以章内之意思推之。序昭穆者,亲亲也;序爵者,贵贵也;序事者,贤贤也;序齿者,老老也;逮贱者,幼幼也。便是治天下之经。敬所尊者,敬也;爱所亲者,仁也;事死亡如生存者,诚也。尽是三者,孝也。仁、孝、诚、敬,又是治天下之本。一祭祀之问,而治天下之道备矣!故谓之示诸掌。'《易》之《萃》曰:'王假有庙。'萃天下之道,至于有庙而极也。天地万物之情,亦于萃见之矣。治国不在掌上乎?"(《焦氏四书讲录·中庸》卷三)。焦氏将祭祀之礼的余蕴揭示出来,祭祀的关键不在于其仪式,而在于其背后所蕴含的伦理道德,而这些伦理道德才是治理国家的根本。序昭穆体现的是亲亲,能够亲爱其亲人,是齐家之要义。序爵、序事体现的是贵贵、贤贤,即尊敬尊者、尊敬贤者。序齿体现的是老老，即尊老；逮贱体现的是幼幼，即爱幼。敬所尊者，爱所亲者，事死如事存等具体事宜都是孝的具体体现。将此祭祀的要义从家庭一直贯彻到社会、国家等政治生活中，就好比掌握了治理国家的根本，所以说治理国家易如反掌。

以下为本章疑难之处：

（1）关于禘。毛奇龄曰："禘有三：一是大禘，五年之祭；一是吉禘，三年丧毕之祭；三是时禘，即礿禘尝烝之祭。"他似乎认为此处之禘固不是丧禘，但不明是大禘或时禘。"据《论语》则此当为五年大享祭所自出之禘"；若据《祭统》《仲尼燕居》，则又是时祭。（《续礼记集说》卷八十七《中庸》）毛远宗则认为此处禘是时祭，"以宗庙之礼承序昭穆，节禘尝之义，承春秋节"，另外若禘指大禘，不当与时祭之尝并称，例见《曾子问》《祭统》。（《续礼记集说》卷八十七《中庸》）《礼记·祭统》曰："凡祭有四时：春祭曰礿，夏祭曰禘，秋祭曰尝，冬祭曰烝。礿、禘，阳义也；尝、烝，阴义也。禘者阳之盛也，尝者阴之盛也。故曰：莫重于禘、尝。古者于禘也，发爵赐服，顺阳义也；于尝也，出田邑，发秋政，顺阴义也。……故曰：禘、尝之义大矣。治国之本也，不可不知也。"此处之禘明为时祭。《仲尼燕居》："子曰：'郊社之义，所以仁鬼神也；尝禘之礼，所以仁昭穆也。'子曰：'明乎郊社之义、尝禘之礼，治国其如指诸掌而已乎！'"此处亦以尝与禘并称。毛奇龄曰："其曰仁昭穆者，以天子时祭惟植礿，而烝尝禘皆祫故云。"（《续礼记集说》卷八十七《中庸》）

（2）关于"治国如示诸掌"。郑玄注："示读如寘诸河干之寘。寘，置也，物而在掌中易为知力者也。"故孔颖达疏云：“若能明此序爵辨贵尊亲，则治理其国其事为易，犹如置物于掌中也。”毛奇龄曰：“治国如示诸掌，只是达孝之意。如所云，惟圣人为能享帝，惟孝子为能享亲。帝王以孝治天下，便是了义。若以理无不明，诚无不格为言，则后王行礼所致，非本义矣。”（《续礼记集说》卷八十七《中庸》）又章大来曰：“按《诗》有‘置彼周行’，又有云‘示我周行’，旧注示、置通用，《荀子》‘示诸䠝括’，示为置亦可。”（《续礼记集说》卷八十七《中庸》）

（3）关于“郊社之礼，所以事上帝也”一句。据毛奇龄，此上帝乃自然之神，包括天、地、五方之神，皆可谓上帝。又谓社祭之地神即土祇，不同于后土。因地神为自然神，而后土乃是人鬼，由后稷为之，朱熹《中庸章句》曰：“谓社即后土，谬矣。”（《续礼记集说》卷八十七《中庸》）毛文辉指出，上帝有二名，或称昊天上帝，或称上帝，如“《易》‘殷荐之上帝’，《诗》‘昭事上帝’，《书》‘伊陟格于上帝’”；又谓古人亦以后土指地祇，如《左传》“君戴皇天而履后土”，武王“敢昭告于皇天后土”皆“但指地言，非人官之鬼”，如《月令》所称：“‘其神后土’，故汉帝祀后土于汾阳，河东六朝祀地，皆称后土。”（《续礼记集说》卷八十七《中庸》）据毛文浑，则《中庸章句》以祭地指祭后天不误。《左传·昭公二十九年》：“共工氏有子曰句龙，为后土……后土为社。”《国语·鲁语》：“共工氏之伯九有也，其子曰后土，能平九土，故祀以为社。”后土为社久矣，然确为人鬼而来，而毛奇龄以为后土之祭非社，显与《左传》《国语》不符。

20a. 哀公❶问政。子曰："文武之政，布在方策❷。其人存，则其政举；其人亡，则其政息❸。"

人道敏政，地道敏❹树。夫政也者，蒲卢❺也。故为政在人，取人以身，修身以道，修道以仁。仁者，人也，亲亲❻为大。义者，宜也，尊贤为大。亲亲之杀❼，尊贤之等，礼所生也。在下位不获乎上，民不可得而治矣。❽故君子不可以不修身，思修身不可以不事亲，思事亲不可以不知人，思知人不可以不知天。

天下之达道❾五，所以行之者三。曰君臣也，父子也，夫妇也，昆弟❿也，朋友之交也，五者天下之达道也。知、仁、勇三者，天下之达德也。所以行之者一也。或生而知之，或学而知之，或困而知之，及其知之，一也。或安而行之，或利而行之，或勉强而行之，及其成功，一也。

子曰："好学近乎知，力行近乎仁，知耻近乎勇。"知斯三者，则知所以修身，知所以修身，则知所以治人，知所以治人，则知所以治天下国家矣。

凡为天下国家有九经⓫，曰：修身也，尊贤也，亲亲也，敬大臣也，体群臣也，子庶民也，来百工也，柔远人也，怀诸侯 ⑫ 也。修身则道立，尊贤则不惑，亲亲则诸父昆弟不怨，敬大臣则不眩 ⑬，体群臣则士之报 ⑭ 礼重，子庶民则百姓劝 ⑮，来百工则财用足，柔远人则四方归之，怀诸侯则天下畏之。

齐明盛服，非礼不动，所以修身也 ⑯。去谗 ⑰ 远色，贱货而贵德，所以劝贤也。尊其位，重其禄，同其好恶，所以劝亲亲也。官盛任使，所以劝大臣也。忠信重禄，所以劝士也。时使薄敛，所以劝百姓也；日省月试，既禀称事 ⑱，所以劝百工也。送往迎来，嘉善而矜不能，所以柔远人也。继绝世，举废国，治乱持危，朝聘以时，厚往而薄来，所以怀诸侯也。

凡为天下国家有九经，所以行之者一也。凡事豫 ⑲ 则立，不豫则废。言前定则不跲 ⑳，事前定则不困，行前定则不疚，道前定则不穷。

【注释】
❶ 哀公：春秋时期鲁国国君。姓姬名蒋，谥号哀。
❷ 布：陈列。
方：书写用的木板。
策：书写用的竹简。
❸ 其人：指文王、武王。
息：灭、亡。

❹敏：迅速，指各种政策的快速推行。郑玄注："敏，或为谋。"孔颖达疏："敏，勉也。"朱熹注："敏，速也。"三家解敏皆不同，朱子解为速，与下文读蒲卢为蒲苇相应。

❺蒲（pú）卢：蜾蠃，即土蜂。郑玄注："蒲卢，蜾蠃，谓土蜂也。《诗》曰：'螟蛉有子，蜾蠃负之。'螟蛉，桑虫也。蒲卢取桑虫之子，去而变化之，以成为己子。政之于百姓，若蒲卢之于桑虫然。"毛奇龄《四书賸言》卷二称"蒲芦"当指蜾蠃，指以螟蛉为子者，取义"盖蜾蠃取螟蛉为己子，祝之而化"，"故以作'人存政举'之证，谓百姓易化也"，并举《孔子家语》与此段相近处为证。

由此，我们知道，土蜂名叫蜾蠃，属于细腰蜂一类。它作为一种生物，只有雄性而没有雌性，不交配不生育。它经常拿螟蛉（天牛）的幼虫来养育，这些幼虫经过它的养育，便都变成了它自己的幼虫。此处以蒲卢取螟蛉之子来养育，螟蛉之子逐渐与它同化，变成了它自己的幼虫，来说明后天教化的功效。

❻仁者，人也：郑玄注："人也，读如相人偶之人，以人意相存问之言。"朱熹《中庸章句》曰："人，指人身而言。具此生理，自然便有恻怛慈爱之意，深体味之可见。"朱解与郑注似不同，如郑注，主相存问；如朱注，主人之所以为人之本。今人多从朱注，但郑注似乎更近古义。"修身以道"，与首章"率性谓道"义近而侧重不同，下接"亲亲为大"，偏重外在。

亲亲：前者为动词，作亲爱解；后者是名词，指亲人，如父母等。

❼ 杀（shài）：等差。

❽ 在下位不获乎上，民不可得而治矣：郑玄注："此句其属在下，著脱误，重在此。"或以为此句启下文"君子不可以不修身"而作，然本章毕竟针对哀公问政言，不当忽然言及在下位者。故郑说是，当删。

❾ 达道：天下古今共同遵循的道理。毛奇龄曰："第道本不一，当在率性，则以喜怒哀乐为达道；而在修教，则又以忠恕自治之子臣弟友为达道。"（《续礼记集说》卷八十八《中庸》）

"君臣也，父子也，夫妇也，昆弟也，朋友也。"此处朱子以五伦释之，毛奇龄《四书賸言》力辨其非，大抵以为先秦并无五伦定说，春秋与战国不同，战国五伦有一形成过程。春秋只有"五教"（《虞书》《周书》"五典"、《左传·文十六年》"五教"限于父义、母慈、兄友、弟恭、子孝五者），后有《管子》"六亲"指君义、臣行、父慈、子孝、兄弟、妻子，此外有卫石蜡"六顺"、《王制》"七教"，为后世五伦之源。另有晏子"十礼"，《礼运》"十义"，《祭统》"十伦"之说。另谓孟子所谓五伦与此处区别在于，孟子言长幼，此处言昆弟，"长幼以官府、僚友、乡党、齿序为言，并非兄弟，故'七教'以兄弟、长幼分作两教"。（《续礼记集说》卷八十八《中庸》）

❿ 昆弟：兄和弟，也包括堂兄堂弟。

⓫ 为：治理。

九经：九条准则。

⓬ 体：体察、体恤。郑玄注："体，犹接纳也。"说见第16章"体物不可遗"注。朱熹《中庸章句》："体，谓设身

处其地而察其心也。”此解与现代汉语体会、体验、体悟义近，而与朱子以“为物之体”释第16章鬼神“体物而不可遗”有别。

子庶民：以庶民为子，如父母爱其子。

来：劝勉。王引之《经义述闻》：“来百工”之“来”，《正义》以为招来之来，失之。“来，读劳来之来，谓劝勉之也。”“来，字本作勑。”《说文》：“勑，劳勑也。”“来，音郎代反，是相劝勉，谓之来。”

百工：各种工匠。

柔远人：优待远方来的人。毛奇龄谓远人有二义，“一是《论语》‘远人不服’之远人，即蕃国诸侯”，“一是‘远者来之’之远人，即商贾行旅，如《孟子》商贾藏王市、行旅出王涂类”（《续礼记集说》卷八十八《中庸》）。并谓蕃国即《周礼》“镇蕃四服”“与近服不涉”。

怀诸侯：安抚诸侯。朱熹《中庸章句》引吕大临论九经关系甚明：“天下国家之本在身，故修身为九经之本。然必亲师取友，然后修身之道进，故亲贤次之。道之所进，莫先其家，故亲亲又次之。由家以及朝廷，故敬大臣、体群臣次之。由朝廷以及其国，故子庶民、来百工次之。由其国以及天下，故柔远人、怀诸侯次之。”吕氏以《大学》家、国、天下顺序解九经顺序固精，然细论之，亲亲当在尊贤之前；远人不当在诸侯之前。前文论“修道以仁”而分别以“亲亲”释仁，以“尊贤”释义，则亲亲固在尊贤前。而宋人钱文子称：“修身、尊贤、亲亲，一家之经；敬大臣、体群臣、子庶民，一国之经；来百工、柔远人、怀诸侯，天下之经。”（卫湜《中庸集说》）然尊贤似非一家之经，或以家为诸侯（《大学》"百乘之家""千乘之家"），然亦不能在亲亲前也。毛奇龄分析九经与三达德关系及九经内部关系，认为从达德推出九经之前三经，即修身、尊贤和亲亲，而后六经皆可视为前三经之外推。首先，"修身天下国家所为本"；其次，从尊贤推出敬大臣、体群臣，进一步推出怀诸侯；最后，从亲亲推出子庶民，进一步推出来百工、柔远人。故曰："名为九经，初以达德之一举九经之三：曰修身、曰亲贤、曰亲亲……则九经大要可以先举，而不知布政之全即以三者推之。"（《续礼记集说》卷八十八《中庸》）毛氏亦谓九经非座位，否则庶民、百工不得在诸侯前。

⓭不眩：不迷惑。不眩与不惑义近，孔颖达疏、朱熹《中庸章句》解释有别，似皆不如郑玄注，而毛奇龄进释之。按：孔疏分别以大事、众事区别不惑、不眩，朱子则分别以"不惑于理""不迷于事"区别不惑、不眩，而郑注则谓："不惑，谋者良也"，"不眩，所任明也。"毛奇龄则以为"六经无说'理'之文"，故"不惑是不疑于道德，不眩是不乱政事"；并以四府三公释贤，谓"虞夏商周有四府及三公者，虽不授事不备官，而仍有专责，此即如《周官》所云'论道'，《文王世子》所云'喻诸德''归诸道'者"。（《续礼记集说》卷八十八《中庸》）盖贤与大臣之别，在一以道德、一以职位，朱子盖以贤者明理、大臣能事解之。

⓮报：回报。

⓯劝：勉励。

⓰齐（zhāi）明盛服：斋戒沐浴，使身心洁净，身穿盛装；齐，通"斋"。

所以修身也：此处"修身"并不从致诚入手，而是从"非

　　　　　　　　　　　　大家读《中庸》

礼不动"切入，上文讲"修身以道……亲亲为大""思修身不可以不事亲"，皆重外在关系，当即"五达道"之义。换言之，"修身以道"之"道"即"五达道"，即五伦。而此处不讲五达道，而讲礼，盖五达道归之于礼。

⑰ 谗：说别人的坏话。这里指说坏话的人。

⑱ 时使：指役使百姓不误农时。

薄敛：赋税轻。

省（xǐng）：省察。

试：考核。

既（xì）廪（lǐn）称事：发给的粮米与职事相符合。既廪，即"饩廪"，指薪水粮食；称，符合。郑玄注："既，读为饩。既廪，稍食也。"孔颖达疏："稍食，稍给之。"毛奇龄谓："称稍者，以稍稍与之，不顿废也。"毛奇龄谓"既"不当以音同读作饩，因饩兼人畜言，或指禾米（对人），或指刍秣（对畜）。当据《说文》读作槩（gài），"以单禾米、无刍秣也"。槩指"平斗斛者"。（段玉裁注）（《续礼记集说》卷八十八《中庸》）

⑲ 行之者一也：一，指修身。郑玄注："一，谓当豫也。"朱熹《中庸章句》则曰："一者，诚也。一有不诚，则是九者皆为虚文矣，此九经之实也。"毛奇龄亦曰"一者，诚而已"。郑注以豫为一，是从下文；朱子以诚为一，是从更下面的下文出发。然20b/20c论诚，并非针对国君，乃针对君子。从本章（本书所分第20a章）整体语境看，"一"似指修身。前面讲"为政在人，取人以身，修身以道""故君子不可以不修身"，后称"凡为天下国家有九经"而以修身为首。

豫：准备。

⓴ 跲（jiá）：绊倒。《说文》："跲，踬也，从足合声。"《释文》："跲，其刼反。"

【译文】

鲁哀公向孔子询问政事。

孔子说："文王和武王所实行的政治教化，都记载在典籍上了。有圣明的君主在位，这些政教就能实施；没有圣明的君主在位，这些政教也就废弛了。"

圣贤治理国家，政事就能迅速推行；在肥沃的土壤上种植树木，树木就能快速生长。政治教化就像蜾蠃养育螟蛉之子一样（蜾蠃取螟蛉之子来养育，螟蛉之子逐渐与之同化，变成了它自己的幼虫）。所以处理好政事完全取决于任用贤能，要得到贤人的辅佐关键在于修养自身，修养自身的关键在于遵循道德，遵循道德的关键在于以仁为本。所谓仁，就是做人的根本道理，而亲爱亲人就是最大的仁。所谓义，就是做事要合宜得当，尊贤重能就是最大的义。亲爱亲人要分远近亲疏，尊重贤人要分德才高下，由此便产生了礼。所以，君子不可以不修养自己的品德。要想修养自己的品德，就不能不侍奉父母亲人；要想侍奉父母亲人，就不能不了解人情；想要了解人情，就不能不知道天道。

天下共通的人伦大道有五条，而用来实行这五条人伦大道的德行有三项。君臣之道、父子之道、夫妇之道、兄弟之道、朋友之道，这五项是天下共同遵循的大道。智、仁、勇这三项是普天之下所应共同具备的美德，用来履行这五条人伦大道，这三种普遍美德的实施效果都是一致的。

对于这些道理，有的人天生就知晓，有的人通过学习才知晓，有的人经历了困苦磨难才知晓，（虽然他们知道这些道理存在先天条件和后天环境的差别）但只要他们最终能够知道，也就没有什么区别了。对于这些道理的实行，有的人心安理得地去做，有的人因为贪图名利去做，还有的人则是被迫勉强去做，但只要他们最终都成功了，结果也就是一样的了。

孔子说："爱好学习就接近智慧了，努力行善就接近仁爱了，知道羞耻就接近勇敢了。知道了这三点，也就知道了该如何修养自己的品德；知道了如何修养自己的品德，也就知道了如何去引导他人了；知道了如何去引导他人，就知道了如何治理天下和国家了。"

凡是治理天下国家有九项原则。那就是：一要修养自身，二要尊重贤人，三要亲爱亲人，四要敬重大臣，五要体恤群臣，六要爱民如子，七要招纳工匠，八要优待远客，九要安抚诸侯。修养自身，就能确立正道；尊重贤人，就不会思想困惑；亲爱亲族，就不会惹得父母、叔伯、兄弟怨恨；敬重大臣，就不会遇事糊涂；体恤群臣，士人们就会施以厚报；爱民如子，老百姓就会努力工作；招纳工匠，财物器用就会充足；优待远客，四方之人就会归顺；安抚诸侯，天下之人就会敬服。

像斋戒那样净心虔诚，穿着庄重整齐的服装，不合乎礼的事情坚决不做，这就是修养自身品德的原则。驱除小人，疏远美色，看轻财物而重视德行，这就是尊崇贤人的原则。提高亲族的爵位，给他们以丰厚的俸禄，与他们爱憎保持一致，这就是亲爱亲族的原则。官员属官众多，足供差遣，这就是劝勉大臣的原则。真心诚意地任用他们，并给他们以丰厚的俸禄，这就是奖劝士人的原则。使民服役不耽误农时，并减轻他们的赋税，这就是勉励百姓的原则。每天省察，每月考核，付给他们的粮米应当与他们的职事相符合，这就是奖劝工匠的原则。来时盛情欢迎，去时热情欢送，嘉奖有善行的人，同情能力差的人，这就是优待远客的原则。延续绝嗣的世族，复兴废亡的小国，治理祸乱，扶持危弱，定时接受诸侯们的朝见和聘问，以厚礼相赠而以薄贡相受，这就是安抚诸侯的原则。

总而言之，治理天下和国家的原则有九条，但实行这些原则的方法却只有一个。不管做任何事情，预先做准备就会成功，没有预先做准备就会失败。说话预先准备好，就不会语言不畅；做事预先准备好，就不会出现困窘；行动预先准备好，就不会后悔；道路预先选定，就不会陷入困境而走投无路。

【解读】

本章约占全书内容的五分之一，阐述了修身、齐家、治国、平天下等诸多问题，内容极为丰富。本章内容，毛奇龄阐之甚明，大体以一→三→五→九为递进。一指诚身，三指三达德，五为五达道（五伦），九为治平九经，其落脚点当然是回答如何为政，其核心在于说明治人先正己，正己先修身，故一切以修身为本。而修身之要在于诚身，亦即首章之慎独，而下面一节则具论致诚。（《续礼记集说》卷八十八《中庸》）

《中庸》"九经"以"尊贤"在"亲亲"之前，当是误置，前注已辨，故这里以亲亲在前，尊贤在后。尊贤超出血亲范围，与交友有关，宜在后。尊贤重在德，君臣重在位。

"文武之政，布在方策。其人存，则其政举；其人亡，则其政息"一句，毛奇龄曰："此引子言，申明自治治人之事，而以诚身为自治之本。其人存者，修身以自治也；其政举者，以九经为天下国家而一归之于诚身，即自治以治人也。"故本章当由此句统领。孔子之言不当甚长，此下当为子思总结，下面有"故……"。凡"故……"句式，乃本书典型句式，皆欲借孔子或圣王而引出本书主旨。郭沂已指出此问题。《孔子家语》与本章文字大段相同而繁，中加"公曰子之言美乎至矣""公曰政其尽此而已乎""公曰为之奈何"转语，以接上下。翟灏《四书考异》卷二《中庸》谓《家语》为王肃所作伪书，"文之繁于《中庸》，大抵为肃所演饰"。（《清经解·清经解续编》）本书不以《家语》为据推断《中庸》。徐复观详细比较后，力证《家语》抄自《中庸》，而非相反。

本章的疑点有以下几处：

（1）蒲卢。朱熹《中庸章句》曰："蒲卢，沈括以为蒲苇是也。"此说有异议。郑玄注："蒲卢，螺蠃，谓土蜂也。《诗》曰：'螟蛉有子，螺蠃负之。'螟蛉，桑虫也。蒲卢取桑虫之子，去而变化之，以成为己子。政之于百姓，若蒲卢之于桑虫然。"毛奇龄《四书賸言》卷二称"蒲芦"当指螺蠃，指以螟蛉为子者，取义"盖螺蠃取螟蛉为己子，祝之而化"，"故以作'人存政举'之证，谓百姓易化也"，并举《孔子家语》与此段相近处为证。《尔雅·释虫》："果蠃，蒲卢。螟蛉，桑虫。"《说文·虫部》："蝴蠃，蒲卢，细要土蠹也。天地之性，细要纯雄无子。……从虫蠃声。蠃，或从果。"又曰："蠃，螺蠃也。""蠋，螟蠋，桑虫也，从虫霤声。"故朱熹据沈括以蒲苇解蒲卢，与敏速相应，强调人存政举之速，然从整体视野的上下文来看，本章宗旨不在强调迅捷，而在强调修身，且《孔子家语》相近文句强调"蒲卢待化而成"，故当从郑注。丁若镛曰："蒲卢者，土蜂之细腰者。蜂存，则虫化为蜂；蜂去，则虫终不化。所谓'其人存则其政举，其人亡则其政息'也。"(《中庸自箴》) 综合以上诸说，我们知道，土蜂名叫螺蠃，属于细腰蜂一类。它作为一种生物，只有雄性而没有雌性，不交配不生育。它经常拿螟蛉（天牛）的幼虫来养育，这些幼虫经过它的养育，便都变成了它自己的幼虫。此处以蒲卢取螟蛉之子来养育，螟蛉之子逐渐与它同化，变成了它自己的幼虫，以此来说明后天教化的功效。

（2）天下之达道五。此处朱子以五伦释之，毛奇龄《四书賸言》力辨其非，大抵以为先秦并无五伦定说，春秋与战国不同，战国五伦有一形成过程。春秋只有"五教"(《虞书》《周书》"五典"、《左传·文十六年》"五教"限于父义、母慈、兄友、弟恭、子孝五者)，后有《管子》"六亲"指君义、臣行、父慈、子孝、兄弟、妻子，此外有卫石蜡"六顺"、《王制》"七教"，为后世五伦之源。另有晏子"十礼"，《礼运》"十义"，《祭统》"十伦"之说。另谓孟子所谓五伦与此处区别在于，孟子言长幼，此处言昆弟，"长幼以官府、僚友、乡党、齿序为言，并非兄弟，故'七教'以兄弟、长幼分作两教"。(《续礼记集说》卷八十八《中庸》)

（3）三达德。"××，一也"，孔颖达疏曰："百王以来行此五道三德，其义一也，今古不变也。"朱熹《中庸章句》曰："一则诚也。"毛奇龄曰："盖达德有三，而所行唯一者，此专一之一也。行达德有三等，而终归于一致者，则又合一之一也。"（《续礼记集说》卷八十八《中庸》）毛说与下文"凡为天下国家有九经，所以行之者一也"联系起来理解。此"一"当为衍文，王引之《经义述闻》论之甚力。本句义指知、仁、勇为五达道"所以行之者"，即前文"所以行之者三"之义。唯此方能与前文"所以行之者三"相应，本处就是指"以达德行达道"。

（4）"修身则道立"与前文"修身以道"呼应，亦与首章"率性之谓道，修道之谓教"呼应。不过这里"道"当指前文"人道敏政"之人道，亦前文"天下达道"，指为政之道。联系修身为九经之本，再联系首章"道不可离"，第4、5章"道其不行"，第11章"遵道而行"，可见道为修身宗旨或目标，所谓"未发之中"、所谓慎独，皆是途径或功夫，皆为求道而来。而中庸之中，则是对道的形容或描述。故中庸之中，以道为准绳。

（5）或安而行之，或利而行之，或勉强而行之。此处即有名的"生知安行、困知勉行"之说。利，毛奇龄曰："旧力作利解，故快利曰力。……若曰力利声转。"（《续礼记集说》卷八十八《中庸》）利释为力，不如释为有利，利而行之就是学知利于其行。此中关系如下表：

表8　知行与三德

知	生而知之	学而知之	困而知之
行	安而行之	利而行之	勉而行之
德	知	仁	勇

上表中最后一行代表朱子思想。朱子曰："以其分而言：所以知之者知也，所以行者仁也，所以至于知之成功而一者勇也。以其等而言：则生知安行者知，学知利行者仁也，困知勉行者勇也。……能自强不息，则其至一也。"《四书賸言》非之，即不能以知、仁、勇来对应生安、学利、困勉。(《续礼记集说》卷八十八《中庸》)

毛远宗曰："德专取仁，犹五达、九经专取亲贤同意。但仁训作忍，故属力行；又训作亲，故属亲亲。然总谓之人者，以亲情忍性，皆生身自具，即人之所以为人。故《孟子》曰'仁者人也'，《表记》亦曰'仁者人也'。若推仁为义，则《孟子》《表记》亦皆以仁与义对，此又从来比待相生之文。"(《续礼记集说》卷八十八《中庸》)此说将三达德、五达道及下文九经相贯通。又，毛奇龄论达道、达德及诚身三者关系，曰："夫修身以道、修道以仁者，谓以达德行达道，而归之诚也。……乃行道以德，凡修道始功，必以能择能守为中庸之德。择守即知行也。且惟知能择，惟仁能守，能择能守即知仁也。以知决知，以仁决行，又当勇往以承之，则合以为所以行道者在此德，所以行五者在此三也。然而以德行道，以三行五，只为诚身，则一诚无余事焉。以戒慎恐惧只在一独，率性修道只在一诚。律术曰'一统乎三，三统乎五'。一也，数之始也。《礼器》曰：'致精微，以少为贵，故君子慎其独也。一即独也，独即诚也，则是一者少数也。'"(《续礼记集说》卷八十八《中庸》)

（6）"子曰：好学近乎知，力行近乎仁，知耻近乎勇。"一句。如果上文都是孔子所说，则整段文字当具有连贯性，何以此处画蛇添足，又插入"子曰"呢？此处"子曰"，更说明上文大段非孔子言。而朱子欲将此句及以下整体作为孔子言，故以为此处"子曰"为衍文。

三

致诚

此下朱子以为皆述"天道、人道"，然饶鲁、李思正、权近等人已指出，述天道、人道至第26章而止。王柏等人以为此下以诚明为主，论诚明亦至第26章而转。

20b. 在下位，不获乎上，民不可得而治矣。获乎上有道，不信乎朋友，不获乎上矣❶。信乎朋友有道，不顺乎亲，不信乎朋友矣❷。顺乎亲有道，反诸身不诚，不顺乎亲矣❸。诚身有道，不明乎善，不诚乎身矣❹。

【注释】

❶不信乎朋友，不获乎上矣：强调得到朋友信任是得到上位者信任的基础。

❷不顺乎亲，不信乎朋友矣：强调让父母顺心是得到朋友信任的基础。

❸反诸身不诚，不顺乎亲矣：强调自己对自己不真诚，就不能侍奉好双亲。

❹不明乎善，不诚乎身矣：强调明白善是使自己真诚的前提。

【译文】

处在下位的人，如果得不到处在上位人的信任，就不可能治理好民众。要想得到处在上位人的信任是有方法的，若得不到朋友的信任，就得不到处在上位人的信任。要想得到朋友的信任也是有一定方法的，若不能让父母顺心，就得不到朋友的信任。孝顺父母是有方法的，若反省自己不真诚，就不能够孝顺父母了。使自己真诚是有方法的，若不明白什么是善，就不能够使自己真诚。

【解读】

此段文字，朱子纳入第20章，然孔颖达《礼记正义》已自此分为下篇即卷五十三，徐复观指出以此分篇的合理性。大概此段以下所言并非针对哀公问政，而针对君子修身，与下文讲"诚道"相联系。此章与《孟子·离娄上》第12章相似："居下位而不获于上，民不可得而治也。获于上有道，不信于友，弗获于上矣；信于友有道，事亲弗悦，弗信于友矣；悦亲有道，反身不诚，不悦于亲矣；诚身有道，不明乎善，不诚其身矣。是故诚者，天之道也；思诚者，人之道也。至诚而不动者，未之有也；不诚，未有能动者也。"对于此段内容，很多人倾向于《中庸》引用《孟子》，所以认为《中庸》晚出。如崔述说："孔子、子思之名言多矣，孟子何以独述此语？孟子述孔子之言皆称'孔子曰'，又不当掠之为己语也。"蒋伯潜则说："《中庸》此章乃取《孟子》语而推演之。……《中庸》之完成，似当在《孟子》成书以后也。"（《诸子通考》）本书并不接受《中庸》晚出之说，倾向于《孟子》抄录《中庸》。另外我们发现，1973年出土的马王堆帛书《五行篇》（一般认为子思所作）中有些句子，在《孟子》中也能看到，证明孟子确曾转述或引用子思言论。

20c. 诚者，天之道也；诚之者，人之道也。诚者不勉而中，不思而得，从容中道，圣人也。诚之者，择善而固执之者也。博学之，审问❶之，慎思之，明辨❷之，笃行❸之。有弗学，学之弗能，弗措❹也。有弗问，问之弗知，弗措也。有弗思，思之弗得，弗措也。有弗辨，辨之弗明，弗措也。有弗行，行之弗笃，弗措也。人一能之，己百之。人十能之，己千之。果能此道矣，虽愚必明，虽柔必强。

【注释】
❶ 审问：审慎地问。
❷ 明辨：明晰地分辨。
❸ 笃行：笃实地履行。
❹ 弗措：不罢休、不停止。

【译文】
真诚，是先天具有的品德；追求真诚，是后天人为努力所获得的品德。天生真诚的人，不用勉强就能做到，不用思考就能拥有，从容不迫、自然而然就能符合中庸之道，这样的人就是圣人啊。努力做到真诚的人，就是选择好善的目标执着追求的人。广泛地学习，审慎地询问，慎重地思考，明确地辨析，切实地履行。除非不学习，要是学了而没有学会是绝不放弃的；除非不询问，问了而没有明白是绝不会放弃的；除非不思考，思考而没有收获是绝不放弃的；除非不辨析，辨析了而没有明白是绝不会放弃的；除非不实行，实行了没有切实做到是绝不会放弃的。别人花费一分的功夫就能做到的，自己就花费一百分的功夫努力去做；别人花费十分的功夫做到的，自己就花费一千分的功夫努力去做。如果真能具备这样的毅力，即使是愚笨之人也一定可以变得聪明起来，即使是柔弱之人也一定可以变得刚强起来。

【解读】

本章被朱子纳入第20章末尾。此处以诚者/圣人/天之道与诚之者/贤人（孔疏）/人之道相匹配，此乃贯穿整个第三节的思路。朱子则以为此线索贯穿至第33章以前，饶鲁、李思正、权近以为此线索至第26章而止。其中"诚者……从容中道"一句对于理解本书"中"的思想尤其重要，即圣人所谓执中，指中乎道（中读作去声），道为中之标准。朱子又以"不勉而中"对应前文"安而行之"，以"择善"为"学知以下事"。毛奇龄也认为，天之道对应于前文"生知安行"者（圣人），人之道对应于学知利行和困知勉行，且诚者、诚之者与首章"率性""修道"对应。（《续礼记集说》卷八十八《中庸》）毛并云："天人、性教，岂有二哉！"（《续礼记集说》卷八十八《中庸》）至少从《中庸》上下文看，此说确实有理；从第21章从性、教论自诚明、自明诚看，说明诚者、诚之者与率性、修道有关。

今列关系如下，最后一列为内容所在章号：

表9　天之道与人之道

天之道	人之道	20c
圣人	君子	20c

率性	修道（教）	1
诚者（诚明）	诚之者（明诚）	20c，21—26
生知	学知、困知	20a
安而行之	利而行之、勉而行之	20a

朱子《中庸章句》以天理、人欲之对分释诚者、诚之者。谓"诚者，真实无妄之谓，天理之本然也。诚之者，未能真实无妄，而欲其真实无妄之谓，人事之当然也"，"未能至于圣，则不能无人欲之私，而其为德不能皆实"。联系《中庸》下面各章大段讲君子诚之、致诚，与首章慎独相呼应，其中强调诚化之效，皆体现《中庸》前后一致线索。

《孟子》原文后文"是故诚者，天之道也；思诚者，人之道也"，与《中庸》表述略异，即"思诚"。在《中庸》表述为"诚之"，有"思"与"之"之别。另外，《孟子》增加"至诚而不动者，未之有也；不诚，未有能动者也"一句（其中"动"据《中庸》指"化"，《中庸》第23章则有诚→形→著→明→动→变→化联动之说），其所体现的思想在《中庸》第22、23、24、26、30（敦化）、33章均有体现，可以说是《中庸》非常重要的思想。姚际恒以为这里与《孟子》重复之处，证明"伪《中庸》"抄《孟子》，理由之一是"《孟子》中从无与他经文同者，而此处独同"。（《续礼记集说》卷八十八《中庸》）又，姚际恒认为，"伪《中庸》"将《孟子》天之道改为圣人之道，则原文天道、人道之分不

复有，违背原文。(《续礼记集说》卷八十八《中庸》)

21. 自诚明，谓之性。❶自明诚，谓之教。❷诚则明矣，明则诚矣。

【注释】

❶自诚明，谓之性：这句话是说，由真诚而自然明善，称之为本性。郑玄注："自，由也。由至诚而有明德，是圣人之性者也。"朱熹注："自，本也。德无不实，而明无不照者，所性而有者也，天道也。"

❷自明诚，谓之教：这句话是说，由明善而归于真诚，称之为教化。朱熹注："先明乎善，而后能实其善者，贤人之学，由教而入者也，人道也。"

【译文】

由本然真诚而达到自然明善，称之为本性；由后天明善而达到自然真诚，称之为教化。真诚自然就能明白道理，能够明白道理也就做到真诚了。

【解读】

本章通过阐发由诚而明与由明而诚来区分性、教之别，与首章"率性之谓道，修道之谓教"相呼应，亦与上章诚者、诚之者相呼应。所谓由诚而明即诚者，是本性的自然流露，属于天道；所谓由明而诚即诚之者，是后天的修为，属于人道。最后强调，无论是由诚而明，还是由明而诚，它们

196

所达到的效果都是一样的。正如孔颖达所言："诚则明矣者，言圣人天性至诚，则能有明德。由至诚而致明也。明则诚矣者，谓贤人由身聪明习学，乃致至诚。故云明则诚矣。是诚则能明，明则能诚，优劣虽异，二者皆通有至诚也。"郑玄注："诚者，天性也。诚之者，学而诚之者也。"毛远宗云："此申言慎独之诚，即尽人以合天之学。性教二字，正应开章天命之性、修道之教。分作天、人，而随即合人于天，合教于性，以为《中庸》一篇之关键。"(《续礼记集说》卷八十八《中庸》)此处性、教之分，对应于首章"率性之谓道，修道之谓教"，故首章性、教之分，与此处诚者、诚之者以及天道、人道相应。

至于"自诚明，谓之性"的句法分析，与首章"天命之谓性"存在一定的区别。戴震在《孟子字义疏证·天道》中说："古人言辞，'之谓''谓之'有异：凡曰'之谓'，以上所称解下，如《中庸》'天命之谓性，率性之谓道，修道之谓教'，此为性、道、教言之，若曰性也者天命之谓也，道也者率性之谓也，教也者修道之谓也。《易》'一阴一阳之谓道'，则为天道言之，若曰道也者一阴一阳之谓也。凡曰'谓之'者，以下所称之名辨上之实，如《中庸》'自诚明谓之性，自明诚谓之教'，此非为性教言之，以性教区别'自诚明''自明诚'二者耳。《易》'形而上者谓之道，形而下者谓之器'，本非为道器言之，以道器区别其形而上形而下耳。"通过戴震的阐释，我们知道"之谓"和"谓之"之间是存在区别的。"之谓"这种句法类似于定义式的判断句，而"谓之"这种句法则类似于一种解释句。所以，"谓之"的句法结构可以形式化表述为："甲谓之乙，丙谓之丁"，可以理解为："甲称之为乙，丙称之为丁。"《中庸》中"自诚明谓之性，自明诚谓之教"，可以理解为："自诚明称之为性，自明诚称之为教。"翻译为现代汉语，也就是：由本然真诚而达到自然明善，称之为本性；由后天明善而达到自然真诚，称之为教化。

22. 唯天下至诚，为能尽其性❶。能尽其性，则能尽人之性❷。能尽人之性，则能尽物之性❸。能尽物之性，则可以赞天地之化育❹。可以赞天地之化育，则可以与天地参❺矣。

【注释】
❶唯：副词，唯有、只有。
尽其性：将自己天赋的本性充分实现出来；尽，极致、充分。
❷尽人之性：充分实现他人的本性。
❸尽物之性：充分实现万物的本性。
❹赞：辅助。
化育：化生、养育。
❺与天地参（sān）：即与天地并列为三；参，同"三"。朱熹注："谓与天地并立为三也。"

【译文】
只有天下至真至诚之人，才能充分实现自己天赋的本性。如若能充分实现自己的本性，就能充分实现他人的本性。如若能充分实现他人的本性，就能充分实现万物的本性。如若能充分实现万物的本性，就能辅助天地化生和养育生命。能辅助天地化生和养育生命，就可以与天地并列为三了。

【解读】

此章继续言诚，是对"诚则明矣"的进一步说明。郑玄曰："尽性者，谓顺理之，使不失其所也。……助天地之化生，谓圣人受命，在王位，致太平者。"朱熹曰："天下至诚，谓圣人之德之实，天下莫能加也。尽其性者，德无不实，故无人欲之私，而天命之在我者，察之由之，巨细精粗，无毫发之不尽也。人物之性，亦我之性，但以所赋形气不同而有异耳！能尽之者，谓知之无不明，而处之无不当也。与天地参，谓与天、地并立为三也。此自诚而明者之事也。"汉儒以"圣人受命在王位"者说之，宋儒以"圣人之德无不实，而无人欲之私"者说之。即据郑、朱两家解义之不同，可以推见汉、宋儒学想象意境之相异。

朱熹《中庸章句》"此自诚而明者之事也"，"言天道也"。关键有二：（1）何为尽性？（2）尽己、尽人、尽物三者关系是如何建立起来的？关于问题（1）郑玄注、孔颖达疏、朱子之说各不同。郑注："尽性者，谓顺理之，使不失其所也。"孔疏："以其至极诚信，与天地合，故能尽其性。"朱子《中庸章句》："尽其性德无不实，故无人欲之私，而天命之在我者，察之由之，巨细精粗，无毫发之不尽也。"关于问题（2）朱子以为，人物之性与我之性无本质差异，"但以所赋形气不同而有异耳"，此尽己→尽人→尽物三者能相通之由。按：此章讲"与天地参"，即首章"致中和，天地位、万物育"之义。郑注、孔疏显然并未解释由此尽己性何以尽人物之性的问题。朱子以天理、人欲之辨释尽性，然此说与其从万物形气相通解释尽己性与尽人物之性的关系并不一致。毛奇龄从"生之理"解释尽性，与郑玄暗通而别有味道。其释尽人物之性，亦从生理得宜即生机化育出发。毛说虽未解释尽己之性与尽人物之性关系，但可感觉到，毛说假设万物生理相通，是其相互感应或影响原因所在。毛氏并引《论语》《大学》《尚书》《礼运》解尽性，甚有趣。毛奇龄云：

> 尽性者，能率性为道，而于天之所命无少歉也。天命之性，人人俱足，唯物无是耳。但人受是性，而于性之德可发为道者多见亏欠，唯至诚能尽之。己性既尽，则凡人之命于天而为生性者，皆得尽其生之理。如立、达、安、怀、贤、亲、乐、利即是尽性。而于以及物，则如《尚书》山川、草木亦莫不尽。《礼运》"鸟不獝，兽不狘"即是尽物性。盖尽人尽物谓之化育，则不过尽其生性之谓。故曰：赞天地在此，参天地亦在此。所谓"致中和"而能位天地、育万物者，如此而已。(《续礼记集说》卷八十九《中庸》)

> 尽己性，则《礼运》所云"受天地之德"、《中庸》所谓"性之德"者无少亏欠。若尽人性，不独在我化育中，使各遂其生已耳……至若物性，则动物有畜豢，植物得滋溉而已……(《续礼记集说》卷八十九《中庸》)

细品毛氏所说，极有味道。盖以尽性即是人物之生理无少亏欠，亦即人物生命获得健全生长、化育之义。如此说来，亦与首章"天命之谓性，率性之谓道"相呼应，率性即是尽性，性即是生之理也。不过所谓"生之理"，绝非朱子说的与人欲对立的、抽象意义上之"天理"，而指不脱于生物自身，一切生命健全生长、化育之方式。联系首章论慎独及此处论致诚，皆是以为唯致诚方能尽生之理。因就人而言，其生之理不如物简单、可见，仅需提供营养和环境即可，人的生理涉及情感、心理等精神因素，需要用心对待方可知之，故毛氏曰"唯至诚能尽之"。这是《中庸》大段读诚的缘由。毛氏所引"立、达、安、怀"出自《论语》，"贤、亲、乐、利"出自《大学》。

又，毛文辉以为"化育"之"化"本有"物化"之义，是"死字"，但"此化字但当如《周官·大宗伯》'合天地之化'，能以有为无、以死为生，如鹰化为鸠、鼠化为驾之类。庶于终始俱有通耳"。(《续礼记集说》卷八十七《中庸》)"化育"之化，与《周易·象》"乾道变化"、《周易·系辞上》"范围天地之化"含义相近。

又，姚际恒引用尧舜时有凶顽，孔子"博施济众尧舜犹病"、于物则"钓曰弋""不问马"，孟子称君子于物"爱之弗仁"，说明此章尽己性与尽人物之性之论不合圣道。(《续礼记集说》卷八十九《中庸》) 复称"赞化育、参天地，同为一种大话，圣贤从无此语"，并谓《论语》孔子称赞"唯尧则之"，《孟子》"上下与天地同流"，皆是则天之义，与此处"迥别"。(《续礼记集说》卷八十九《中庸》)《中庸》有言过其实之弊，如第17章"大德必得其位，必得其禄，必得其名，必得其寿"，第16章论鬼神，第24章论祯祥、妖蓍、蓍龟，第26章"今夫天，斯昭昭之多；及其无穷也，日月星辰系焉，万物覆焉"及后面"今夫地""今夫山""今夫水"（孔疏称只是譬喻，"非实论"；朱注亦称天地山川"实非由积累而后大"）；又爱言语夸张，故姚际恒每称其讲"大话"，不似圣人下学上达平实。如第27章赞叹圣人之道"洋洋乎发育万物，峻极于天"，第30、31章赞美至圣。这些整体上体现了此书言语风格特点。

23. 其次致曲❶，曲能有诚。诚则形❷，形则著❸，著则明❹，明则动❺，动则变❻，变则化❼。唯天下至诚为能化。

【注释】
❶其次：指次于圣人一等的贤人。郑玄注："其次，谓自明诚者也。"
致曲：即致力某一方面。致，推致；曲，一偏，某个方面。
❷形：显现、表现。朱熹注："形者，积中而发外；著，则又加显矣；明，则又有光辉发越之盛也；动者，诚能动物；变者，物从而变；化，则有不知其所以然者。盖人之性无不同，而气则有异，故唯圣人能举其性之全体而尽之。其次则必自其善端发见之偏，而悉推致之，以各造其极也。曲无不致，则德无不实，而形著动变之功，自不能已，积而至于能化，则其至诚之妙，亦不异于圣人矣。"
❸著：显著。朱熹注："著，则又加显矣。"
❹明：光明。朱熹注："明，则又有光辉发越之盛也。"

❺ 动：感动。朱熹注："动者，诚能动物。"

❻ 变：改变。朱熹注："变者，物从而变。"

❼ 化：教化。朱熹注："化，则有不知其所以然者。"

【译文】

次于圣人一等的贤人，能够推求某一方面的事理；推求某一方面的事理，也能做到真诚。内在做到了真诚就会显现于外，显现于外就会变得逐渐显著，显著了就会光明显扬，光明显扬就会感动人心，感动人心就能使他人改移习俗，改移习俗就能实现教化。只有天下最真诚的人才能实现教化。

【解读】

本章所谓其次，是相对于上章"至诚"而言的。至诚对应第 20 章"诚者"、第 21 章"自诚明"，其次对应第 20 章"诚之者"、第 21 章"自明诚"。

曲，郑玄注"犹小小之事也"，《中庸章句》"一偏也"。吕大临则以各人性格"偏曲"释曲（卫湜《礼记集说》）。毛奇龄谓"曲者，隅也"，并以为《论语》举一隅当反三隅"即曲之说也"。（《续礼记集说》卷八十九《中庸》）吾以为郑注不误，朱子、毛氏可从，吕氏之说不可从。化，孔颖达疏谓指"言恶人渐化为善人，无复为恶"。毛奇龄以为"化"当从"教"解："夫化者，教也。《说文》所谓'教行于化'是也。"（《续礼记集说》卷八十九《中庸》）教与化关系，《孝经》论之甚明。此化当针对人物渐变而言，与前面"化育"之化似不全同。"形""著""明"，楼宅中以为当联系《大学》"诚于中，形于外"、《孟子》"行之而不著焉"、《商书》"厥后惟明明"、《大禹谟》"四方风动"、《尧典》"黎民於变时雍"、《说卦》"然后能变化""既成万物也"解。(《续礼记集说》卷八十九《中庸》)楼说甚是。《易·系辞上》由天地之化至于"曲成万物",含义亦近。

24.至诚之道,可以前知❶。国家将兴,必有祯祥❷;国家将亡,必有妖孽❸。见乎蓍龟❹,动乎四体❺。祸福将至,善,必先知之;不善,必先知之。故至诚如神❻。

【注释】
❶前知:预先知道。
❷祯(zhēn)祥:吉祥的征兆。朱熹注:"祯祥者,福之兆。"
❸妖孽:凶祸的征兆。朱熹注:"妖孽者,祸之萌。"
❹见(xiàn):同"现",呈现。
蓍(shī)龟:蓍草和龟甲,用于占卜。
❺四体:四肢。
❻如神:像神一样微妙莫测。

【译文】
真诚达到极致,可以预知未来的事情。国家将要兴盛,必然有吉祥的征兆;国家将要衰亡,必然有凶祸的征兆。呈现在卜筮用的蓍草和龟甲上,表现在人的动作仪态上。祸福将要来临时,是福,可以预先知道;是祸,也可以预先知道。所以真诚达到极致的人,就如同神明一样微妙。

【解读】

本章接着上章讲至诚之道的功效。认为达到了至诚，就可以预知吉凶祸福，达到神明般微妙不可测的境界。尽管看起来充满神秘的气息，但我们揭开这层神秘的面纱，其所讲的实质无非是强调当我们的心灵不被私心杂念所迷惑时，就达到了至诚的状态，就能够洞察宇宙万物的规律。正如朱熹所言："然惟诚之至极，而无一毫私伪留于心目之间者，乃能有以察其几焉。"

四体，郑玄注以为"龟之四足"，而《中庸章句》以为"动作威仪之间"，并举《左传》执玉高卑为言。毛文辉以为朱子之说"极是"，并举《左传》晋惠受玉惰、楚屈瑕举趾高、鲁师郤犨受卫君享而皆傲无礼为补。(《续礼记集说》卷八十九《中庸》) 又，"至诚之道可以前知""至诚如神"，郑注曰："言天不欺至诚者也"，孔颖达谓"身有至诚，可以豫知前事"，吕大临称"此至诚所以达神明而无间"（卫湜《礼记集说》)，而朱子云："惟诚之至极，而无一毫私伪留于心目之间者，乃能有以察其几焉"。诸家似皆指人至诚，天方能应。依朱子，则所谓祯祥、妖孽、蓍龟之显，唯至诚方可察识矣。而姚际恒讽刺说："夫既卜筮而见乎蓍龟矣，虽愚百姓亦可凭以知休咎，乃以诧至诚之如神，岂不陋而可笑乎?"(《续礼记集说》卷八十九《中庸》) 姚氏之解特别，似不能构成反驳。

25.诚者自成❶也，而道自道❷也。诚者物之终始，不诚无物❸。是故君子诚之为贵。诚者，非成己而已也，所以成物❹也。成己，仁也；成物，知也⑤。性之德⑥也，合外内之道也，故时措⑦之宜也。

【注释】

❶自成：自我成就、自我完善。河南程氏曰："诚者自成，如至诚事亲，则成人子；至诚事君，则成人臣。"（卫湜《中庸集说》；参《程氏遗书》卷六）此处释"自成"，不是泛泛而谈，而是就人伦关系而论。

❷自道：自己运行。

❸诚者物之终始：指诚贯穿于做成事情的终结与开端，强调诚的一贯性与连续性。

不诚无物：是指如果不能保持专一、真诚，就不能做成事情，不能处理好与他人的关系；物，事，包括事情与各种人际关系（人事）。郑玄注："物，万物也，亦事也。……小人无诚，则事不成。"程颐曰："修学不以诚，则学杂；为事不以诚，则事败；自谋不以诚，则是欺其心而自弃其志；与人不以诚，则是丧其德而增人之怨。"根据程颐的意思，诚即专一、真诚之义。

❹成己：成就、完善自己。

成物：成就、完善万事万物。

❺成己，仁也：不是说以仁成就自己，而是人能以诚成就自己，则能产生仁。

成物，知也：强调人能成己而后成物，则能生智；知（zhì）：同"智"。仁、知皆后起者，非先有也。

❻性之德：指合乎天性之德，即仁、智之德。仁、智二德生于致诚，致诚即尽性，故称其为"性之德"。

❼ 措：实行。

【译文】

诚是自我成就自己的本性，道是为了完善自己的本性所当遵行的原则。诚贯穿于事情的终结与开端，如果不能保持专一、真诚，就不能做成事情，就不能处理好与他人的关系。因此君子以诚为贵。诚并不仅仅是自我成就就够了，而且还要成就万事万物。人能以诚成就自己，就能产生仁德；在成就自己的基础上再成就万事万物，就能产生智慧。仁德和智慧都是合乎天性的美德，是统一自身与事物的准则，所以适时施行才是合宜的。

【解读】

本章的关键在于"不诚无物"一句，即强调诚贯穿于事物的发端和归宿，没有了诚也就没有了事物。诚首先在于自成，即成就、完善自己的本性。但诚绝不仅仅局限于成己，还要推扩出去，在成就、完善自我本性的基础上，还要成就、完善万物的本性。我们之所以要成己、成物，其根源与动力就在于我们本有仁德和智慧，仁德要求成就、完善自己，智慧要求成就、完善万物。

下面对本章疑点之处进行具体分析：

（1）成己成物。物，郑玄注："物，万物也，亦事也。大人无诚，万物不生；小人无诚，则事不成。"郑注以事释物，以事不成释无物，亦当以事之成败释物之终始。这与朱子非常不同。河南程氏曰："修学不以诚，则学杂；为事不以诚，则事败；自谋不以诚，则是欺其心而自弃其志；与人不以诚，则是丧其德而增人之怨。"（卫湜《中庸集说》；参《程氏遗书》卷二十五）此说与郑注甚近。朱子《中庸章句》纯以理释诚，谓"天下之物，皆实理之所为，故必得是理，然后有是物"。此以明白物之理释有物、无物及物之终始，似乎将"有物无物、物之终始"理解为明白其理。孔颖达疏则以"人""能与万物为终始"释"物之终始"，又以"不能成其物"释"无物"。孔疏未明确以事释物。朱子引理释诚，与其前面以真实无妄释诚，并不一致。且《中庸》上下文并无一"理"字，《章句》难免牵强。古汉语中的"物"非今日物理学之物，有万物（《说文》称以牛为其大者）及事两义，《大学》格物之物即有事之义。若以万物释物，何以能说"不诚无物"，故郑玄以事释物，而朱子以明其理释"有物"，皆变通之说。我认为程颐之说为佳。又，"物之终始"，若将物释为地上动植物之类，则不得不以"终"为死亡，而"诚者物之终始"不好解。毛奇龄似从此释，故曲辩曰孔子称"未知生焉知死"，故以死生一理，知生即知死；又谓此"终始"即《系辞》"原始反终"，指天地间万物生生死死相互转化之理。(《续礼记集说》卷八十七《中庸》)下章言"博厚载物，高明覆物，悠久成物"，分别对应地、天和时（悠久），联系起来看，下章所谓"物"是指事耶？万物耶？

诚者成己复成物，为何又以仁、知分别说成己与成物？为何说成己为仁、成物为知？仁是待人之意，与诚者尽己之性含义有别。这里"成己，仁也"不是说以仁成就自己，而人能以诚成己，则能生仁。相应地，人能成己而后成物，则能生智。仁、知皆后起者，非先有也。故郑注曰："以至诚成己，则仁道立。以至诚成物，则知弥博。"孔疏云："若能

　　　　　　　　　　　　大家读《中庸》

成就己身，则仁道兴立"，"若能成就外物，则知力广远"。而朱注云："仁者体之存，知者用之发，是皆吾性之固有，而无内外之殊。"此说殊令人迷糊，当以郑注为是。又，成己、成物，当即尽己之性、尽物之性（第22章）。毛奇龄谓此前三"诚者"（"诚者自成也""诚者物之终始""诚者，非自成己而已也"），"皆性""惟'诚之'二字属教"，由此他认为，诚与诚之、性与教之分，"只为能尽性"。（《续礼记集说》卷八十九《中庸》）尽性亦即首章率性。

（2）性之德。郑注云："此五性之所以为德也，外内所须而合也，外内犹上下。"孔疏："言诚者是人五性之德，则仁、义、礼、知皆由至诚而为德"，"至诚之行合于外内之道，无问外内，皆须至诚。……是至诚合天地之道也。"朱熹《中庸章句》："仁者体之存，知者用之发，是皆吾性之固有，而无内外之殊。既得于己，则见于事者，以时措之，而皆得其宜也。"朱子以"得"释"德"，则之为动词。朱解似不可通。此处"性之德"，明明指前文仁、知而言，而"内外"分别对应成己、仁（内）和成物、知（外）。如此则郑注、孔疏、朱子皆误，郑注所谓"五性"不知从何而来。仁、知何以称为"性之德"？此处性，或可理解为动词，即前文尽性（第21章"自诚明谓之性"、第22章"唯天下至诚为能尽其性"）。因仁、知二德生于致诚，致诚即尽性，故称其为"性之德"。

26.故至诚无息❶。不息则久，久则征❷，征则悠远，悠远则博厚，博厚则高明。博厚，所以载物❸也；高明，所以覆物❹也；悠久，所以成物❺也。博厚配地，高明配天，悠久无疆❻。如此者，不见而章❼，不动而变，无为而成。

天地之道，可一言❽而尽也。其为物不贰，则其生物不测。❾天地之道，博也，厚也，高也，明也，悠也，久也。今夫天，斯❿昭昭⓫之多；及其无穷也，日月星辰系焉，万物覆焉。今夫地，一撮土之多；及其广厚，载华岳⓬而不重，振河海而不泄⓭。今夫山，一卷石⓮之多；及其广大，草木生之，禽兽居之，宝藏兴焉。今夫水，一勺之多；及其不测，鼋鼍⓯蛟龙鱼鳖生焉，货财殖焉。

《诗》⓰云："维天之命，於穆不已"⓱，盖曰天之所以为天也。"於乎不显⓲，文王之德之纯"，盖曰文王之所以为文也，纯亦不已⓳。

【注释】

❶无息：不间断、不停息。

❷征：征验，显露于外。朱熹注："征，验于外也。"

❸载物：承载万物。

❹覆物：覆盖万物。

❺成物：成就万物。

❻无疆：没有尽头。

❼见（xiàn）：同"现"，显现。

章：彰明。

❽一言：一字，即"诚"字。郑玄注："言德化与天地相似，可一言而尽，要在至诚。"朱子也说天地之道"不过曰诚而已"。

❾其为物不贰，则其生物不测：物，指天地；不贰，无二心。毛奇龄以为此章所言，即首章所谓"位天地、育万物之实功"，亦是说"所以成物之故"。(《续礼记集说》卷八十九《中庸》)毛说极是。毛又为"生物"即"成物"，称："生物即成物。《易》'广大配天地'，但言'广生''大生'而成在其中。如《中庸》'赞化育''万物育'，只是生，可验。"(《续礼记集说》卷八十九《中庸》)

❿斯：此。

⓫昭昭：光明的样子。

⓬华岳：即华山。"华岳"一词引后人猜测。清人叶酉、袁枚力证其在长安附近，鲁人向以泰山为重，故此句并非出自子思。

⓭振：整顿，整治。

泄：漏。

⓮一卷（quán）石：一拳头大的石头；卷，通"拳"。

⓯鼋（yuán）鼍（tuó）：鼋，大鳖；鼍，扬子鳄。

⓰《诗》：即《诗经·周颂·维天之命》。

⓱於（wū）穆不已：於，语气词；穆，肃穆；不已，不停止。朱熹《中庸章句》："穆，深远也。不显，犹言岂不显也。"

⓲不显：不，通"丕"，大；显，明显。朱熹注："不显，犹言岂不显也。"

⓳纯亦不已：纯正而不间断。朱熹《中庸章句》曰："引

此以明至诚无息之意。"纯为无杂，不已指无间断。(《程氏遗书》卷五)《广韵》："纯，诚也，不襍也。"故纯与诚互释。

【译文】

由此可见，达到最高境界的真诚是永不止息的。永不止息，自然就会保持长久，保持长久就会显现于外，显现于外就会悠久长远，悠久长远了就会广博深厚，广博深厚了就会高大光明。广博深厚，便能够承载万物；高大光明，便能够覆盖万物；悠远长久，便能够成就万物。广博深厚可以匹配地，高大光明可以匹配天，悠远长久便如天地那样永无尽头。达到这样的境界，不必自我显示也会自然彰明，不必行动也会自然变化，不必作为也会自然有所成就。

天地之间的道理，可以用一个字来概括，那就是"诚"。因为它本身纯一不贰，所以生成万物难以揣测。天地之间的道理，就在于广博、深厚、高大、光明、悠远、长久。比如今天我们所说的天，从细微处来看，只是一点点的光明；可到它无边无际时，日月星辰都依赖它维系，天地万物都依赖它覆盖。比如今天我们所说的地，从细微处看，只是一撮黄土；可到它广博深厚时，承载像华山那样的崇山峻岭也不会觉得沉重，容纳那众多的江河湖海也不会泄漏，天地万物都由它承载。比如今天我们所说的山，从小处看只是拳头大小的石块；可到它高大无比时，草木在上面生长，禽兽在上面居住，宝藏在里面储藏。比如今天我们所说的水，从细微处看，只是一勺之多；可到它浩瀚无涯时，鼋鼍、蛟龙、鱼鳖等都在里面生存，各种有价值的东西都在里面繁殖。

《诗经·周颂·维天之命》说："天道的运行多么庄严肃

大家读《中庸》

穆啊，永远不会止息。"这大概说的是天之所以为天的道理吧！又说："啊！多么显著光明啊，文王的道德是那样纯正无瑕！"这大概说的是文王之所以被称为文王的道理，就在于他的德行无比纯正而又不间断。

【解读】

本章接着上章讲诚，主要侧重于强调至诚所达到的境界。

本章容易引起争议的地方是"华岳"一语。从字面意思来看，我们很容易将其理解为华山。但随之便引发了另一个问题，子思一生未到过秦国，为何却称引在陕西境内的华山呢？因此有学者便主张这句话是秦汉间儒者所作，而非出生、成长于鲁地的子思所作。正如清人袁枚转述叶酉观点所言："《中庸》填砌拖沓，敷衍成文……是汉儒所撰，非子思作也。……孔孟皆山东人，故论事就眼前指点。孔子曰'曾为泰山，不如林放'，曰'泰山其颓'，孟子曰'登泰山而小天下，挟泰山以超北海'。就所居之地，指所有之山，人之情也。汉都长安，华山在焉。《中庸》引山称华岳而不重，明明是长安之人，引长安之山，此伪托之子思之明验，已无心发露矣。"(《小仓山房尺牍》卷八《又答叶书山庶子》)叶酉所提出的"论事就眼前指点"的原则确实有一定道理，如此，子思就应当以鲁人更为熟悉的泰山为例，而非远在秦国境内的华山。这也是与袁枚同时代的卢文弨所问："《中庸》，子思所作，何为近舍泰岳而取华？"在叶酉发出此论后，梁绍壬、俞正燮、蒋伯潜、冯友兰、武内义雄等人皆影从。袁枚甚至评价道："真可谓读书得间，发二千年古人所未有。"

当然，也有持反对意见者，如郭沫若便说："载华岳而不重"一句于整章乃至全书并不重要，因为"与子思约略同时而稍后的宋钘，便'作为华山之冠以自表'，足见东方之人正因为未见华山而生景慕。忽近而求远，仍人情之常，鲁人而言华岳，亦犹秦人而言东海而已"。（《十批判书》）毛奇龄则认为："华、岳二山与河、海对文。按《周官》职方氏九镇：河南曰豫州，其山镇曰华山；正西曰雍州，其山镇曰华山。与《尔雅》五山河南华、河西岳并同。"（《四书賸言》）徐复观、东条一堂等人皆认为华岳是指华山和岳山。但此说过于牵强，如果华岳果真是两山，也是根本无法与泰山相提并论的小山，似难成立。而且从整章来看，从"天地之道博也厚也"至"货财殖焉"，进一步解释上文，略显烦冗，似为汉人添加。但我们不必如叶酉、袁枚那般极端，认为整部《中庸》是秦汉儒生所作，似乎认为从"天地之道博也厚也"至"货财殖焉"为汉儒羼入更妥。

毛奇龄曰："不见而章，不必形，著明也；不动而变，不必动，变化也；无为而成，而成物与天地合矣。"（《续礼记集说》卷八十九《中庸》）又，"不见而章，不动而变"，亦与首章相应。其中"不见"与首章"不睹""不闻"相似，"不动"近乎首章"未发之中"，致诚即慎独故也。

四

至
德

此章以下重心在于圣王德性之内涵及效应，而不再是诚。第33章讲到诚，主要起呼应第三部分作用。故宜从第27章起分出一大部分。饶双峰、李思正及朝鲜权近，言天道、人道至第26章而止，第27章以下言大德、小德，其说甚是。又，本部分将前三部分慎独、致诚以修道的思想推向高潮，可视为全书思想的总结。

27.大哉圣人之道！洋洋❶乎发育万物，峻极❷于天。优优❸大哉！礼仪❹三百，威仪❺三千，待其人然后行。故曰苟不至德，至道不凝❻焉。故君子尊德性而道问学❼，致广大而尽❽精微，极高明而道❾中庸。温故而知新，敦❿厚以崇礼。是故居上不骄，为下不倍⓫。国有道，其言足以兴；国无道，其默足以容⓬。《诗》⓭曰："既明且哲⓮，以保其身。"其此之谓与！

【注释】

❶洋洋：盛大、浩瀚无边。

❷峻极：高大到极致。《礼记·大学》："《帝典》曰：'克明峻德。'"郑玄注："峻，大也。"

❸优优：充足、宽裕的样子。

❹礼仪：古代礼节的主要规则，又称经礼。据毛奇龄《四书賸言》卷一称，"礼仪三百"当作"礼经三百"，原文"礼仪""威仪"含义无别，且有二"仪"字相重。

❺威仪：古代典礼中的动作规范及待人接物的礼节，又称曲礼。

❻苟不至德：如果没有极高的德行；苟，如果。

凝：凝聚，成功。

❼问学：询问、学习。

❽致：推致。

尽：达到。

⑨极：极致，达到最高点。

高明：指德行的最高境界。

道：遵行。

⑩敦：厚。

⑪倍：通"背"，背弃、背叛。

⑫默：沉默。

容：容身。这里指保全自己。

⑬《诗》：指《诗经·大雅·烝民》。

⑭哲：智。

【译文】

圣人的道理，真是伟大啊！充满了天地之间，能够生养万物，与天一样崇高。充裕而又伟大啊！礼的大纲有三百多项，礼的仪节有三千多条，这些都等待有德之人来施行。所以说，如果不具备崇高的德行，就不能成就极高的道。因此，君子既尊崇道德而又致力学问，既达到广博的境界而又穷尽精微之处，既达到高明的境界而又遵循中庸之道。温习已有的知识从而增进新知识，朴实敦厚而又崇尚礼仪。身处上位而不骄傲，身处下位而不悖逆。国家政治清明时，他的言论足以使国家兴盛；国家政治昏暗时，他的沉默足以保全自己。《诗经·大雅·烝民》说："既通达事理而又很有智慧，就可以保全自身。"大概说的就是这个意思吧！

【解读】

本章开头盛赞圣人之道的伟大，接着讲圣人之道、礼仪必待贤人（具备崇高德行之人）而后行。最高的道与最高的德相互联系，要想成就高尚的道德就必须加强自身修养。而加强自身修养的关键就在于"尊德性而道问学，致广大而尽精微，极高明而道中庸"。最后讲为人处世的智慧，身处上位而不骄傲，身处下位而不悖逆；政治清明时积极入世，政治昏暗时明哲保身。本章"是故居上不骄"至"其此之谓与"，颇显突兀，与前面对君子的崇高赞美境界天壤之别，关键是上下文之间缺乏关联，疑为后人杂入。

下面具体分析本章疑难之处：

（1）礼仪三百，威仪三千。据毛奇龄《四书賸言》卷一称，"礼仪三百"当作"礼经三百"，原文"礼仪""威仪"含义无别，且有二"仪"字相重。翟灏《四书考异》卷二《中庸》，亦详引他书作"礼经三百"之文。姚际恒则指出《左传》子大叔明言礼、仪二者有别。毛奇龄以为"洋洋"与"优优"皆形容大，然对象不同，一形容天地，一形容礼仪。故洋洋"以大为大"，而优优"以烦重为大"。东条一堂也认为"礼仪"当作"礼经"，"《礼器》作'经礼三百，曲礼三千'，又梁徐勉上表、晋《刑律志》、尚书陈宠上疏，及汉《陈忠传》，皆作'礼经三百，威仪三千'，则礼仪或是礼经之误。不然礼仪、威仪有何分别，而两仪字连出之乎"？（《中庸知言》）

（2）德性。郑玄注："德性，谓性至诚者。"这一解释是以德为五常之德，故德性指德之性，即拥有五常德之性。如此"性"非普遍义，乃特殊义，指至诚之性，故孔疏称之为"圣人道德之性"。程子曰："德性者，言性之可贵，与言性善其实一也。"（卫湜《中庸集说》;《程氏遗书》卷二上）朱子则曰："德性者，吾所受于天之正理。"（《中庸章句》）朱说引理解性，非也，然亦以德性指有德之性。"德性"或即第25章"性之德"，指合乎天性之德（仁、知等），不是指合乎五德之性（前者性为普遍义，后者性为特殊义）。本章上称"至德"，下章"有其德""无其德"，并第25章"性之德"，五处"德"含义当相通。"德性"与前面"性之德"似乎含义相近。

（3）尊德性而道问学，致广大而尽精微，极高明而道中庸。姚际恒以为，"道问学"不当在"尊德性"之后，因其近乎下学。如此表述，则变成"上达而下学"矣。且"圣功一以贯之，初无两橛"，而此处分出两种学问来，不符圣意。(《续礼记集说》卷八十九《中庸》) 朱子在与陆象山辩论中，认为陆氏只尊德性，不重问学，故"学者多持守可观，而看义理不细"(见朱子《答项平父书》)。则朱子实以尊德性与道问学为两事，此正姚氏所非。"广大"当即前面天地之大及礼仪之大，"精微"可联系首章隐微。"高明"，即前文"高明配天"之高明，指天（孔颖达疏）。又，广大与高明相应，精微与中庸相应。姚际恒批"极高明而道中庸"为不通，大意是中庸不当与高明相对，因此书称中庸"至矣"，岂在中庸之外尚有与之对者？"若是中庸之外别有一高明，与之对峙，则中庸何足为贵，而孔子叹其'至矣'，子思以之名篇乎？"(《续礼记集说》卷八十九《中庸》) 此处中庸并非与高明"对峙"，高明指范围，中庸指途径、功夫，故曰"道中庸"。此处中庸既与精微相应，则"中"指"未发之中"，指"莫见乎隐，莫显乎微"功夫。高明与中庸，一指范围，一指功夫，性质不同，姚说非也。

大家读《中庸》

28.子曰：“愚而好自用❶，贱而好自专❷，生乎今之世，反❸古之道。如此者，裁❹及其身者也。”非天子，不议礼❺，不制度❻，不考文❼。今天下车同轨，书同文❽，行同伦❾。虽有其位，苟无其德，不敢作礼乐焉。虽有其德，苟无其位，亦不敢作礼乐焉。子曰：“吾说夏礼，杞不足征❿也；吾学殷礼，有宋⓫存焉；吾学周礼⓬，今用之，吾从周。”

【注释】

❶自用：自以为是。

❷自专：独断专行。

❸反：同“返”，回复。

❹裁（zāi）：同“灾”，灾祸。

❺议礼：议定礼制。

❻制度：制定法度。

❼考文：考订、规范文字。

❽书同文：指字体统一。

❾行同伦：指伦理规范相同。

❿夏礼：夏朝的礼制。

杞：国名，传说周武王封夏禹的后代于此，故城在今河南省开封市杞县。

征：验证。

⓫殷礼：商朝的礼制。

宋：国名，商汤的后代居此，故城在今河南省商丘市南。

⑫周礼：周朝的礼制。

【译文】

孔子说："愚笨而又喜欢自以为是，卑贱而又喜欢独断专行，生活于今天这个时代却偏要返回到古代道路上去。这样做，灾祸一定会降临到他的身上。"如果没有天子之位就无权议定礼制，无权制定法度，无权考订、规范文字。现在，普天之下车轨的距离相同，文字的书写统一，伦理道德的规范相同。即便有天子之位，倘若没有圣人之德，是不敢制作礼乐制度的；即便有圣人之德，倘若没有天子之位，也是不敢制作礼乐制度的。孔子说："我能说出夏朝的礼乐制度，但夏朝的后裔杞国已不足以验证；我学习殷朝的礼乐制度，在殷的后裔宋国那里还尚有残存；我学习周朝的礼乐制度，现在还在实行着，所以我主张遵从周朝的礼乐制度。"

【解读】

本章提出制作礼乐法度的两条标准：其一，必须同时具备天子之位和圣人之德才有资格制作礼乐法度；其二，制作礼乐法度要与时偕行，顺应时代的发展。之所以强调同时具备天子之位和圣人之德才能制作礼乐法度，是因为仅有天子之位而无圣人之德就会导致愚笨而又喜欢自以为是，仅有圣人之德而无天子之位就会导致卑贱而又喜欢独断专行。最后又强调礼乐法度的制定必须顺应时代的发展，所谓"礼，时为大"（《礼记·礼器》）。如果有人妄图返回不合时宜的古代道路，就一定遭致灾祸，汉代的王莽不切实际而一味复古导致身死国灭就充分说明了这一点。孔子主张生乎今之世，从今之制，所以他在损益夏商二代之礼的基础上遵从周代的礼乐法度，这也是孔子对"时中"原则的贯彻。

下面具体分析本章的疑难之处：

（1）今天下车同轨，书同文，行同伦。"三同"之说，清代以来学者多认为是秦汉大一统以后才出现的现象。但朱熹辨其非，认为东周之时仍当从周一统。如《左传·隐公元年》"天子七月而葬，同轨毕至"，则"同轨"之说春秋时即有；又《管子·君臣》有"戈兵一度，书同名，车同轨"之说，难道《管子》此篇亦秦汉统一后作品？今人陈槃认为："《中庸》之所谓'同轨'，不过是一种象征式的，意谓天下政教统一，王室是尊，非国异政而家殊俗耳。不可看得过于着实。如造车，车之大小高卑，随时改进，因地制宜，但当求其适合，实无所用其统一，亦势所不能统一。……周室之造车知识既高，又为天下共主，为求统一之效，交通斯其急务。然则授此等落后地区以造车之知识，助之发展交通，此可能亦是事实。""秦之同书文字，虽变大篆为小篆，然而其同于大篆者固甚多，然而大篆则又上通乎殷周古文，而殷周文字之见于卜辞与彝器者，虽其结体，间或小异，然而无不由六书一途引申而出者（谓合于六书，非谓遵六书以造字）。然则如王氏所谓从其不变者而观之，则春秋之世，固既同文，虽谓秦篆于春秋之文亦未尝不同，无不可也。"（《中庸今释别记》，载《涧庄文录》）

（2）两"子曰"。朱子《中庸章句》称前一"子曰""言作礼乐者，必圣人在天子之位"（引郑氏），后一"子曰"述三代之礼中唯周礼可从，且"孔子既不得位，则从周而已"。历来诟病此章为后人掺入者多，因忽引"子曰"，与前后文风格不一；且同轨同文之说，或为秦统一后始有。今按朱子之意，盖谓本章述夫子无权自作礼乐，唯学先王之道，而以从周为是。如此说来，与前后文内容风格亦可衔接。因前一章讲"圣人之道"，当指周文；下一章讲"王天下三重"，当指三代之王，而述君子当继三代、遵周文以成其德。又，本章述三王之道，论从周之义，有为第20章为政及首章位育作结之义；同时上承第26章文王至德，下启孔子圣德。

29. 王天下有三重❶焉，其寡过矣乎！上焉者❷，虽善无征，无征不信，不信民弗从。下焉者❸，虽善不尊❹，不尊不信，不信民弗从。故君子之道，本诸身❺，征❻诸庶民，考诸三王而不缪❼，建诸天地而不悖❽，质❾诸鬼神而无疑，百世以俟❿圣人而不惑。质诸鬼神而无疑，知天也；百世以俟圣人而不惑，知人也。是故君子动而世为天下道⓫，行而世为天下法，言而世为天下则。远之则有望⓬，近之则不厌。《诗》⓭曰："在彼无恶，在此无射⓮，庶几夙夜⓯，以永终誉⓰。"君子未有不如此而蚤⓱有誉于天下者也。

【注释】

❶ 王（wàng）天下：统治天下；王，作动词用，称王。

三重：指夏商周三代圣王之政。郑玄注："三重，三王之礼。"朱子注："议礼、制度、考文"，从吕大临而来，亦以"重"为动词，谓推重之义。今查卫湜《中庸集说》，则郑注、孔疏之后以"三王（之礼）"释"三重"者有如程子、游酢（定夫）、侯仲良（字师圣）、司马光、郭忠孝（立之）、顾元常（平甫）、钱文子、晏光等。然亦不同其说者，如联系下文，谓"三重"指"上焉者""下焉者"及未言之"中焉者"，强调取中之必要［薛季宣（士隆）、晁以道（说之）、周谞（希圣）］，读"重"为中性词，非指所当重。或以"三重"指下文征、信、民三者（此为王安石观点。后黎立武本身、征民、考古之说与之近）。当以郑说为是。

❷上焉者：指夏、商时代的礼制。朱熹注："上焉者，谓时王以前，如夏商之礼虽善，而皆不可考。"

❸下焉者：指在下位的人，如孔子。朱熹注："下焉者，谓圣人在下，如孔子虽善于礼，而不在尊位也。""上焉者""下焉者"历史分歧重重。郑注作上为君、下为臣（后世胡瑗类似），朱子读上为"时王以前，如夏、商之礼"，下为"圣人在下"。今查卫湜《中庸集说》，知尚有不少其他说法。或以为"上""下"分别指三王以前与以后之事，其中"下"可指春秋五霸（程子、游酢、侯仲良、郭忠孝、钱文子）；或联系上章孔子德、位之论，称"上"指有位无德，下指有德无位（西蜀蔡渊）；或联系第一节中庸之义，谓"上"指"过于中庸"，"下"指"不及中庸"（顾元常）。

❹不尊：没有尊位。

❺本诸身：本源于自身。

❻征：验证。

❼三王：指夏、商、周三代君王。

缪（miù）：通"谬"，谬误。

⑧建：立。

悖：违背。

⑨质：质询，询问。

⑩俟（sì）：待。

⑪道：同"导"，先导。

⑫望：威望。

⑬《诗》：指《诗经·周颂·振鹭》。

⑭射（yì）：《诗经》本作"致"，厌弃。

⑮庶几（jī）：几乎。

夙（sù）夜：早晚。

⑯永：永远。

终：通"众"。

誉：赞誉。

⑰蚤：即"早"。

【译文】

要想统治好天下就应当遵循夏商周三代圣王之政，遵循三代圣王之政大概就很少有过失了吧！夏商时代的制度虽好，但因年代久远而无从验证，如果无从验证的话，就不能使人信服；不能使人信服，民众就不会遵从。不在天子之位的圣人，虽然有美德，但没有尊贵的地位；没有尊贵的地位，也不能使人信服；不能信服，民众就不会听从。

所以君子治理天下的道理，应该从修养自身的德行开始做起，并从老百姓那里得到验证确认，再用夏、商、周三代先王的制度加以考察而没有违背的地方，立于天地之间而不违背天道，质问于鬼神而没有疑误，等到百世以后圣人出现也不会产生疑惑。卜筮质问于鬼神而没有疑问，这表明懂得了天道；等到百世以后圣人出现也不会产生疑惑，这表明懂得了人道。因此君子的举动能够世世代代作为天下的先导，行为能够世世代代成为天下的法度，语言能够世世代代成为天下的楷模。距离君子远的人常怀有仰慕之心，距离君子近的人也毫无厌倦之意。

《诗经·周颂·振鹭》篇说："在那里没有人憎恶，在这里也没有人讨厌。几乎从早到晚勤劳于政事，以保持美好的名誉。"君子没有不这样做而能很早就有名望传扬于天下的。

【解读】

本章接着上章讲君主的德行，阐发了君主统治天下需要遵循夏商周三代圣王之政。君主首先应当修身律己，取信于民，还要经得起传统、鬼神、天道、圣人的检验，等到懂得了天道和人道以后，他的言行才能成为天下的法度、楷模，从而近者悦远者来，获得天下之人的普遍赞誉。

下面具体分析本章存在的争议之处：

（1）"三重"。第28章论遵古之道，而谓夏礼不足、殷礼存宋、周礼可从。本章下有"考诸三王"句，反复思之，"三重"当依郑注指三王之道。郑玄注曰："三重，三王之礼。"若读"三重"为议礼、制度、考文，与下文"上焉者""下焉者"不相属；再说，何以议礼、制度、考文即可王天下，此与孔子答哀公毫无关系；且从下文看，议礼、制度、考文在全书中并无特殊重视，因本节重心在强调圣德、至德。后文"考诸三王"即三代圣王之政。故我以为"三重"

当即指夏、商、周三代圣王之政。

黄忠天统计了"三重"的六种不同解释，除郑玄、朱子说法外，尚有黎立武的"本身、征民、考古"说，王文禄的"率性、修道、体中庸"说，胡渭、郭嵩焘的"时、位、德"说，康有为据乱世、升平世、太平世三世说。黄氏以为从"以经解经"角度看，当从朱子"议礼、制度、考文"说，理由是孔子提出此三者，"主要在说明孔子""对于当时各国诸侯、大夫僭礼、违礼，乃至变乱古道，造成礼坏乐崩的现象"；并认为后文"君子动而世为天下道，行而世为天下法，言而世为天下则"分别指议礼、制度和考文之功效。（黄忠天《中庸释疑》）黄氏以议礼、制度、考文与后文天下道、天下法、天下则对应，虽然有据，但天下道、天下法、天下则紧承君子"本诸身，征诸庶民，考诸三王……"之后，未必一定要理解为议礼、制度和考文；更重要的是，本章以上三章（第26、27、28章）皆言周文及三代之道，章内亦言"考诸三王"，而下三章（第30、31、32章）皆言圣人之德，本章当是从三代，特别周文过渡到下章圣德的讲法，其核心都是通过先王先圣说明君子如何修身立德的。因此我以为古人理解为"三王之礼"是有道理的。

（2）"上焉者""下焉者"。郑注作上为君、下为臣，固不可从。朱子谓"上"指夏商，"下"指孔子在下，似亦不可从，因此处"三重""三王"不当指夏商、周及孔子三者。若"下焉者……不信民弗从"指孔子在下位处境，则何以连接下文"故君子之道本诸身……"之意。且若"下焉者"指孔子，非便与上文"王天下三重"不相接，且以"下焉者"指孔子"不信民弗从"，亦与下文"动而世为""行而世为""言而世为""有望""不厌""蚤有誉于天下"及第30章"莫不尊亲"明显矛盾。故我以为，"上焉者""下焉者"亦指三王，即上谓夏殷（如朱子），下谓周（非孔子也）。"下焉者虽善不尊"，"虽善"正谓周礼可从，"不尊"谓诸侯恣意。上、下是时间先后，不是位置高低，分别指夏、殷和周。"下焉者不尊民不信"指东周时期礼坏乐崩后，天子无尊，人民不信。

（3）"本诸身"，与前文多处呼应，即第20a章"取人以身，修身以道""君子不可以不修身""知斯三者则知所以修身""修身也，尊贤也……""修身则道立"，第20b章"反诸身不诚""诚身有道"。大抵来说，《中庸》中的修身与慎独虽宗旨一致，而含义略别。修身侧重外在行为，而"反诸身"则有向内之意。

"考诸三王"正是对上文"三重"的总结，而"建诸天地"呼应首章位育及第26、27章天地之道，"质诸鬼神"呼应第16、24章皆论鬼神与诚，"俟圣人"呼应第20c—27章论圣人（包括文王）。《中庸》至此，开始全面总结全书矣。又，此处"知天""知人"与第三节分别从天之道、人之道论述相呼应。

我曾想"子曰吾说夏礼"一段与本章可合并为一章（今发现此亦孔疏分章方式），因解下文"王天下三重"为三代圣王之政，今仍从朱子分章方式。朱子之分章使第28章以遵周之道为旨（上承第27章），第29章承接第27、28章，以明君子当继三代、遵周文。这里三章，即第27、29、30章皆是为总结三代之政，引出君子当效法三代之政。

30.仲尼祖述❶尧舜，宪章❷文武，上律天时，下袭❸水土。辟如天地之无不持载，无不覆帱❹；辟如四时之错行❺，如日月之代明❻。万物并育而不相害，道并行而不相悖。小德川流，大德敦化❼，此天地之所以为大也。

【注释】
❶ 祖述：效仿。
❷ 宪章：取法、效仿。
❸ 袭：符合。
❹ 覆帱（dào）：覆盖。
❺ 辟：同"譬"，譬如。
错行：交错运行，流动不息。
❻ 代明：交替光明，循环变化。
❼ 敦化：以纯朴化被万物。

【译文】
孔子远宗唐尧虞舜的传统，近法文王武王的典范，上能遵循天时，下能符合地理。他的德行就如同天地那样，没有什么不能承载，没有什么不能覆盖；又好像四季的交错运行，日月的更迭照耀。万物共同生长发育而彼此互不妨害，道路同时并行而互不冲突。小的德行如同河水那样长流不息，大的德行敦厚地化育万物。这就是天地之所以伟大的道理啊！

【解读】

由本章我们知道，孔子之道以尧舜为远源，以周文为核心。这一点郑玄的注释最清楚。郑玄注："此以《春秋》之义说孔子之德。孔子曰：'吾志在《春秋》，行在《孝经》。'二经固足以明之，孔子祖述尧、舜之道而制《春秋》，而断以文王、武王之法度。《春秋传》曰：'君子曷为为《春秋》？拨乱世、反诸正，莫近诸《春秋》。其诸君子乐道尧、舜之道与？末不亦乐乎？尧舜之知君子也。'又曰：'是子也，继文王之体，守文王之法度。文王之法无求而求，故讥之也。'又曰：'王者孰谓？谓文王也。'此孔子兼包尧、舜、文、武之盛德，而著之《春秋》，以俟后圣者也。"《中庸》第17—19章列举舜、文王、武王、周公之德，第20章称"文武之政布在方策"，第26章赞文王之德，第27—28章赞周礼浩博及为三代之最，皆与此处"祖述尧舜、宪章文武"相应。

下面具体分析本章的疑难之处：

（1）上律天时。郑注："律，述也。述天时，谓编年，四时具也。"朱注律为"法"（指效法）。《说文》："均布也，从彳聿声。"段注："均律双声，均古音同匀也。……律者，所以范天下之不一而归于一，故曰均布也。"则《说文》似从音释之，并不合于字形。《字源》以为"律本指古代用来校正乐音标准的管状仪器，以管的长短来确定音节"（李学勤主编《字源》）。杨树达云："以竹管束毫书事谓之聿，以竹管候气定声谓之律，律从聿声，实兼受聿字之义也。"（杨树达《释律》，《积微居小学述林》卷一）此说甚合此字古义，但不合字形。又，戴家祥指出，《广韵·六术》律读余律切，行貌，古读聿如遹。《小雅·楚茨》"神保聿归"《宋书·乐志》引作"神保遹归",《礼器》"聿追来孝"《正义》称"聿、遹字异义同"。"遹亦通述","聿、遹、述、术同声"。《大雅·文王》"聿修厥德"《毛传》"聿,述也",《汉书·王思宇传》引作"述修厥德"。《尔雅·释言》"律、遹,述也"。据此,则郑注有据(戴家祥《金文大字典》下,彳部1218页以下、聿部3843页以下均无"律")。《玉篇》"建,分而也,行皃"。此与《说文》之释相近,而"行皃"之释可从字形说明。故吾疑此字初形指步伐均匀,后引申为指音律、节律,进一步引申为指法度,甚至指常。至于读作"述",当为与"述"通假所致。又按:天时、水土似与首章位育、第22—26章成物、第27章发育万物相应。

(2)小德川流,大德敦化。郑玄注:"小德川流,浸润萌芽,喻诸侯也。大德敦化,厚生万物,喻天子也。"朱熹《中庸章句》与郑注不同,谓"万物并育","所以不害不悖者,小德之川流","所以并育并行者,大德之敦化";"川流者,如川之流,脉络分明而往不息也;敦化者,根本盛大而出无穷也"。朱子《中庸或问》(下)又言:"以天地言之,则高下散殊者,小德之川流;'於穆不已'者,大德之敦化;以圣人言之,则物各付物者,小德之川流,纯亦不已者,大德之敦化。"按:郑注、朱注皆以小德指分(部分),大德指合(全体)。但按朱子,小德亦指现象,大德实指根本。从上下文看,本章赞叹仲尼圣德,若忽然从诸侯、天子讲,非常突兀。而联系下面紧接"天地之所以为大也","大德"分明指天地之德。谓小德仅使万物各生各育,各行其是;而大德则从整体上化育万物,即首章"天地位万物育",第22章"赞天地之化育",第23章至诚能化,第32章"知天地

　　　　　　　　　　　大家读《中庸》

之化育"。从全书整体脉络看，朱子之解显然更合，立意亦更高。故郑注非。又，钱文子从体用解小德、大德，谓"小德，德之用"，"大德，德之体"（卫湜《中庸集说》）；河东侯仲良则称"小德川流"为"日用处"，如"礼仪三百，威仪三千"，"大德敦化"是"其存处"，如"洋洋乎发育万物，峻极于天"。（卫湜《中庸集说》）吾以为钱、侯之意与朱子近。又，《论语·子张》："子夏曰：'大德不逾闲，小德出入可也。'"极论圣人（孔子）与天地同德。第27章谓"圣人之道""峻极于天"，从道言、重在礼，与此虽有别，然复称"苟不至德，至道不凝焉"，则圣人之道赖至德实现。然首章"天命谓性""致中和天地位万物育"，第20c—26章以天道与人道分言诚者与诚之者（首章率性与修道）之事，皆涉及天地之道，与此章律天地、袭水土及论"天地之所以为大"相应。全书寓意个人修道取径慎独、致诚，而以立德为归，故第20a章称"三达德"以行"五达道"，第25章称"性之德"所以"合外内之道"，第26章称"尊德性而道问学"。本章讲小德、大德，归于圣人之德，即第32章天德。总之，庸德（第13章，下面章数只写数字）、鬼神之德（16）、德之圣人（17）、大德（17）、令德（17）、文武之德（18）、三达德（20a）、性之德（25）、文王之德（26）、至德（27）、德性（27）、其德（28）、小德（30）、大德（30）、天德（32）、明德（33）、惟德（33）等一系列关于德的表述；另有贵德（20a）、入德（33）、德辅如毛（33）等动词化表述，均充分体现本书修身→立德→圣德的思路。本书未用"圣德"一词，但已呼之欲出（孔颖达疏则使用"圣德"）：第17章"德为圣人"，第18章"文武之德"，第26章"文王之德"皆讲圣人之德；尤其是第32章"苟不固聪明圣知达天德者"，喻孔子有圣人之德。又，第31章讲"至圣""聪明睿知""宽裕温柔""发强刚毅""齐庄中正"，《中庸章句》以为"乃仁义礼智之德"。

31.唯天下至圣❶，为能聪明睿知❷，足以有临❸也。宽裕温柔❹，足以有容❺也。发强刚毅❻，足以有执❼也。齐庄中正❽，足以有敬也。文理密察❾，足以有别也。溥博渊泉，而时出❿之。溥博如天，渊泉如渊。见⓫而民莫不敬，言而民莫不信，行而民莫不说⓬。是以声名洋溢乎中国，施及蛮貊⓭。舟车所至，人力所通，天之所覆，地之所载，日月所照，霜露所队⓮，凡有血气者，莫不尊亲⓯，故曰配天⓰。

【注释】

❶至圣：最高的圣人。郑玄注："盖伤孔子有其德而无其命。"孔颖达疏："此节更申明夫子蕴蓄圣德，俟时而出，日月所照之处，无不尊仰。"

❷聪明睿知：耳听敏锐叫聪，目视犀利叫明，思想敏捷叫睿，知识广博叫智；知，同"智"。

❸临：居上临下。

❹宽裕温柔：广大宽舒，温和柔顺。这里是形容仁。

❺容：包容。

❻发强刚毅：奋发强劲，刚健坚毅。这里是形容义。

❼执：决断，固守。

❽齐（zhāi）庄中正：整齐庄重，公平正直；齐，同"斋"。这里是形容礼。

❾文理密察：文章条理，周详明辨。这里是形容智。王引之《经义述闻》："密，指审也、正也。《考工记》郑玄注：'密，审也，正也'"，"密有审正之义，故与察连文。"

❿溥（pǔ）：周遍。

时出：随时发见于外。朱熹注："言五者之德，充积于中，而以时发见于外也。"

⓫见（xiàn）：同"现"，出现。

⓬说（yuè）：同"悦"。

⓭施（yì）：延伸、传播。

蛮貊（mò）：亦作"蛮貉""蛮貃"，所谓南蛮北貊。后来也用于泛指四方少数民族部落。

⓮队（zhuì）：同"坠"。

⓯尊亲：尊敬而亲爱之。郑玄注："尊亲，尊而亲之。"此处"亲"作动词，"莫不尊亲"指无不得到后人的尊重与亲爱。

⓰配天：与天相匹配。朱熹注："言其德之所及，广大如天也。"

【译文】

只有天下最伟大的圣人才能既聪明又睿智，能够安居君位而治理天下；广大宽舒，温和柔顺，足以包容天下；奋发有为，刚勇坚毅，足以裁决天下大事；恭敬端庄，公平正直，足以获得他人的尊敬；文章条理分明，思维周详明辨，足以分辨是非邪正。圣人的道德周遍广博而又精微深远，犹如渊深的泉水不断涌出，随时表现于外。周遍广阔如同无际的天空，精微深远如同幽深的潭水。表现在仪表上，人们没有不敬重的；表现在言论上，人们没有不信服的；表现在行为上，人们没有不欣喜的。因此他的美好名声洋溢于中国，并且远播到南蛮北貊等边远地区。总而言之，凡是车和船所能到达的地方，人力所能通行的地方，苍天所能覆盖的地方，大地所能承载的地方，日月所能照临的地方，霜露所能降落的地方，凡是有血脉气息之人，没有不尊敬而亲爱他的。所以说，圣人的美德可以与天相匹配。

【解读】

本章紧承上章讲孔子，下章亦应讲孔子（郑玄注、孔颖达疏均以此章讲孔子）。"配天"当指孔子圣德。从"见而民莫不敬"至最后，皆论圣德的神奇功效，亦全书诚化思想一部分。本章称颂圣人具有聪明睿智、宽裕温柔、发强刚毅、齐庄中正和文理密察等品性，因此能够作为天下之人的典范，能够包容万物、裁决大事、受人尊敬、明辨是非……总之，对于圣人所达到的境界和圣人之德的功效极尽赞美之词，旨在希望人们能够接受圣人的教化，加强自身的修养，从而塑造崇高的人格。

"聪明睿知，足以有临也。宽裕温柔，足以有容也。发强刚毅，足以有执也。齐庄中正，足以有敬也"一句。朱熹《中庸章句》曰："四者，乃仁、义、礼、知之德。"此则对应于全书所谓德，见上章。"聪明睿知"，知也（朱子称"生知"）；"宽裕温柔"，仁也；"发强刚毅"，义也；"齐庄中正"，礼也。又有人将此处四德与第30章大德、小德相联。据毛文辉，此四德即第30章之小德，而大德则本章之"溥博渊泉"，因其为"时出"之流之所本。"时出"之流即上章"小德川流"。(《续礼记集说》卷八十九《中庸》)如此，则"敦化"之大德即下文"配天"之圣德，亦即第32章"至诚""圣知"之"天德"。又，第32章论至诚"知天地之化育"，提到"渊渊其渊，浩浩其天"，正是本章"溥博渊泉""如天""如渊"之义。毛文辉从上下文论大德、小德之义，似有道理。又，毛远宗以为此四德即《周易·文言》"元、亨、利、贞"四德(《续礼记集说》卷八十九《中庸》)，从上下文看并无根据，《中庸》未论元亨利贞。

32.唯天下至诚❶，为能经纶天下之大经❷，立天下之大本❸，知天地之化育。夫焉有所倚❹？肫肫❺其仁！渊渊❻其渊！浩浩❼其天！苟不固聪明圣知达天德者❽，其孰能知之？

【注释】

❶至诚：最高的诚。郑玄注："至诚，性至诚，谓孔子也。"

❷经纶：本义为整理丝缕，引申为规划、治理。

大经：根本大法，达道、九经之类。郑玄注："'大经'，谓六艺，而指《春秋》也；'大本'，《孝经》也。"朱熹《中庸章句》解"大经""大本"与郑注不同，称"大经"指"五品之人伦"，"大本"指"所生之全体"。朱说似与首章"中也者天下之大本也"相应。又，此处"大经"，或与第20章

"九经"相联，谓九经及三达德，皆为小德（毛远宗）；而"大本"即第30章之"大德"，第31章之"配天"，本章之"天德"。毛远宗曰："大经，即达道、九经之属。"毛说可参。（《续礼记集说》卷八十九《中庸》）

❸大本：根本大德，以中为大本。毛远宗曰："大本，即中为大本也；其仁以大经言，犹敦厚也；其渊以本言；其天以化育言。"（《续礼记集说》卷八十九《中庸》）

❹倚：依傍。

❺肫肫（zhūn zhūn）：诚恳的样子。郑玄注："肫肫读如'诲尔忳忳'之'忳'。忳忳，恳诚貌也。肫肫，或为'纯纯'。""诲尔忳忳"出自《诗经·大雅·抑》之篇，为刺厉王之诗。

❻渊渊：静深的样子。

❼浩浩：广大的样子。

❽固：实在。孔颖达疏："固，坚固也。"

达天德者：通晓天赋美德的人。

【译文】

只有天下最真诚的圣人，才能掌握治理天下的根本大法，树立天下的根本大德，通晓天地化育万物的道理。除了至诚还有什么可依傍的呢？至诚的圣人，他的仁德是那样的诚恳！他的聪明才智像潭水一样幽邃深沉！他化育万物的胸襟像苍天一样浩瀚广阔！如果不是确实具有聪明睿智而通达天德的人，又有谁能够通晓这个道理呢？

【解读】

本章仍是论孔子。"至诚"与第31章"至圣"同义，从"圣知达天德"可见。从其"肫肫其仁，渊渊其渊，浩浩其天"这样高度情感化的语句，可猜测当与第31章一样是讲孔子。郑注亦是此意。盖本书论对圣贤，从第2、17、30章讲舜或尧舜，第18、19、26、27讲文、武、周公而以文王之德为最（其中第28、29章涉及三王，但三王之中落脚到文王），至第30—32章以孔子圣德为顶点。是郑玄所谓"昭明圣祖之德"也。然本书中心并非颂扬圣祖，而乃阐发慎独、致诚从而立德的重要性。从这个角度看，第2—11章讲中庸，确实与全书主旨关系不大。因为中庸之中，与中和之中，含义有别。前者重在过与不及，后者重在发与未发（慎独）。只有首章的慎独思想，才在后面各章中不断显现，有一贯之线索。第30、31、32章，据郑玄注、孔颖达疏，皆讲孔子，而朱子《章句》未如此言。吾以为郑注是，而朱子非。

下面具体分析本章的疑难之处：

（1）至诚。毛奇龄云："惟至诚能备全德。修大道、定大本、默契造化，以持时位之自至。既或知而不行，但托之空言，而未尝见诸实事，亦可以知天知人，世为法则，而况于行之者乎？然则，'致中和'、极位育，本性以为教，而尽中庸之为德者匪他人，仲尼是也。"（《续礼记集说》卷八十九《中庸》）

（2）大经大本。郑玄注："'大经'，谓六艺，而指《春秋》也；'大本'，《孝经》也。"《中庸章句》解"大经""大本"与郑注不同，称"大经"指"五品之人伦"，"大本"指"所生之全体"。朱说似与首章"中也者天下之大本也"相应。

又，此处"大经"，或与第20章"九经"相联，谓九经及三达德，皆为小德（毛远宗）；而"大本"即第30章之"大德"，第31章之"配天"，本章之"天德"。毛远宗曰："大经，即达道、九经之属。""大本，即中为大本也；其仁以大经言，犹敦厚也；其渊以本言；其天以化育言。"毛说可参。（《续礼记集说》卷八十九《中庸》）

（3）夫焉有所倚。郑玄注："安有所倚，言无所偏倚也。"孔颖达疏："倚，谓偏有所倚近。言夫子之德，普被于人，何有独倚近一人，言不特有偏颇也。"据此，则此"倚"与第2—11章中庸之不偏不倚有别，后者从过与不及出发。朱子则释"倚"为"倚著于物"，与倚赖于诚相对，则倚指倚靠。从上下文看，朱子之解似更恰当，因此章强调至诚之功，即成己可成物，尽己可尽人之意。

33.《诗》❶曰："衣锦尚䌹❷。"恶其文之著❸也。故君子之道，闇然而日章❹；小人之道，的然❺而日亡。君子之道，淡而不厌，简而文，温而理，知远之近，知风之自，知微之显，可与入德❻矣。

《诗》❼云："潜虽伏矣，亦孔之昭❽。"故君子内省不疚❾，无恶于志❿。君子之所不可及者，其唯人之所不见乎！

《诗》⓫云："相在尔室，尚不愧于屋漏⓬。"故君子不动而敬，不言而信。

《诗》⓭曰："奏假无言，时靡⓮有争。"是故君子不赏而民劝，不怒而民威于铁钺❶⑮。

《诗》⑯曰："不显惟德，百辟其刑❶⑰之。"是故君子笃恭而天下平。

《诗》⑱云："予怀明德，不大声以色⑲。"子曰："声色之于以化民，末也。"

《诗》曰："德辖如毛。"毛犹有伦，"上天之载，无声无臭"⑳，至矣！

【注释】

❶《诗》：指《诗经·卫风·硕人》。

❷衣（yì）：穿衣。此处作动词用。

锦：指色彩鲜艳的衣服。

尚：加。

绢（jiǒng）：用麻布制的罩衣。

❸恶（wù）：嫌恶，厌恶。

著：鲜明，耀眼。

❹闇（àn）然：同"暗"，隐藏不露。

日章：日渐彰显；章，同"彰"。

❺的（dì）然：鲜明、显著的样子。

❻入德：进入道德之门。

❼《诗》：指《诗经·小雅·正月》。

❽孔：很。

昭：明白。

❾内省（xǐng）不疚：内心经常反省，没有什么愧疚。

❿无恶于志：无愧于心；志，心。

⑪《诗》：指《诗经·大雅·抑》。

⑫ 相：注视。

尔室：你的居室。此指一人独居于室。

不愧于屋漏：指心地光明，不在暗中做坏事，起坏念头；屋漏，指室内西北角。

⑬《诗》：指《诗经·商颂·烈祖》。

⑭ 奏假（gé）无言：在心中默默祈祷。奏假，祈祷；无言，没有说话。朱熹注："假，格同。……奏，进也。承上文而遂及其成效，言进而感格于神明之际，极其诚敬，无有言说而人自化之也。"

靡（mí）：没有。

⑮ 铁（fū）钺（yuè）：古代执行军法时用的斧子。

⑯《诗》：指《诗经·周颂·烈文》。

⑰ 不显：即大显；不，通"丕"，大。

百辟（bì）：很多诸侯。

刑：通"型"，仿效。

⑱《诗》：指《诗经·大雅·皇矣》。

⑲ 怀：归向，趋向。

明德：具有美德的人。

以：与。

色：严厉的脸色。

⑳《诗》：指《诗经·大雅·烝民》。

辖（yóu）：轻。

伦：比。

上天之载，无声无臭（xiù）：引自《诗经·大雅·文王》；臭，气味。

【译文】

《诗经·卫风·硕人》篇说："里面穿一件锦绣衣服，外面再穿一件麻布罩衫。"这是嫌弃锦衣的花纹过分显眼。所以，君子之道虽然表面看起来暗淡，但终会日益彰明；小人之道虽然外表看起来很鲜明，但终会日益消亡。君子之道，恬淡自然而不会让人不厌，形式简略而内有文采，温和雅顺而具有条理，知晓远是由近处开始的，知晓教化别人先从自己做起，知道隐微一定会变得显著，这样，就可以进入圣人的道德境界了。

《诗经·小雅·正月》篇说："鱼儿虽然潜伏在水底，但还是被看得清清楚楚。"所以君子经常自我反省没有内疚，也就无愧于心了。君子的德行之所以高于一般人，大概就是在别人看不见的地方也能严于律己，做到慎独吧！

《诗经·大雅·抑》篇说："看你独自居住在室内的时候，是不是也能做到无愧于心。"所以，君子在未行动之前就时刻怀有恭敬庄谨之心，在没说话之前就时刻怀有以诚待人之心。

《诗经·商颂·烈祖》篇说："祭祀时心中默默祈祷，此时肃穆安静而没有争执。"所以，君子不用赏赐，百姓自然也会互相劝勉；不用发怒，百姓自然也会比受到斧钺的惩罚还要畏惧。

《诗经·周颂·烈文》篇说："充分发扬天子的美好德行，诸侯们自然都会来效法。"所以，君子做到敦厚恭敬就能使天下太平。

《诗经·大雅·皇矣》篇说："我怀念文王的美德，他从不通过厉声厉色来治理民众。"孔子说："用号令和气势去教化百姓，只是抓住了枝节（而遗弃了根本）。"

《诗经·大雅·烝民》篇说："通过德行来感化民众，犹如鸿毛般轻而易举。"鸿毛虽轻，还是有行迹可以类比的。至于《诗经·大雅·文王》篇说："上天化育生长万物，既没有声音也没有气味。"这才是达到了最高的境界啊！

【解读】

本章是对全书的总结，可以划分为四部分：第一部分强调君子之道的特质和境界就在于含而不露。第二部分强调慎独是入德的根本功夫，与首章相呼应。第三部分强调君子通过修身到极致而达到天下平的政治功效，即通过内圣来成就外王。第四部分极力赞扬君子之德，认为为政以德、以德化民是政治的根本。

下面具体分析本章的疑难之处：

（1）闇然而日章。"闇然"与首章"隐""微"相应。"远之近""风之自""微之显"，明显是在讲诚化或微显思想，本书重要思想。本段论"可与入德"，提示慎独、致诚方可入德，此亦本书基本观点。毛奇龄曰："风自而一归之于微显，谓治功圣化必自知微，推暨之也。……且治人以身，不愧屋漏，正身之及物时也。"（《续礼记集说》卷八十九《中庸》）

（2）人之所不见。即首章"莫见于隐，莫显乎微""不睹""不闻"之义，亦即慎独之义。"伏""昭"即首章"隐见""微显"，故即慎独；"内省不疚无恶于志"，即是孟子"反省而诚"，亦即慎独。戴震《中庸补注》即指出了这一点。毛远宗亦以为第33章前两小段"复言慎独工夫。从'闇

然'始，故断曰'入德'，言下手也"。(《续礼记集说》卷八十九《中庸》)

（3）相在尔室，尚不愧于屋漏。此处呼应首章慎独思想，所谓"不愧于屋漏"即是慎独。"不动而敬，不言而言"，即第29章"动而世为天下道，行而世为天下法，言而世为天下则"，亦即下面"不赏而民劝，不怒而民威"。唐文治《中庸大义》："尚，上也。"

（4）奏假无言，时靡有争。《诗》作鬷（zōng）。历来奏多读进，或依《毛诗》读为总，此处当依《中庸》读奏为进。假或读大（毛传、郑玄、陆德明）；或读格，作至也（朱熹、王夫之）。故"奏假"或读总大（《毛传》）、总集［大众］（《毛诗正义》），或读奏大乐（郑玄《中庸注》），或读进而感格［神明］（朱熹）。顾实曰："假通作格，作嘏，实叚为假，至也。"(《中庸郑注讲疏》)段玉裁《说文·假》之注尽矣。《毛传》："鬷，总；假，大也。总大，无言无争也。"《毛诗正义》："总集大众而能寂然无言语者，于时凡在庙中无有争讼者。"《中庸》郑注："假，大也。此颂也。言奏大乐于宗庙之中，人皆肃敬……无有争也。"陆德明《毛诗释文》："假，《毛》古雅反，大也。"朱注："假、格同。……奏，进也。承上文而遂及其效，言进而感格于神明之际，极其诚敬，无有言说而人自化之。"王夫之《四书训义》："假当作徦，从彳。正音古雅切。"《说文》："徦，至也，从彳叚声。"《方言》曰："徦，至也。邠、唐、冀、兖之闲曰徦。或曰徦。郭注：徦，音驾；徦，古格字。"段注："徦，今本《方言》作假，非也。《集韵·四十·祃》可证。《毛诗》三颂假字或训大也，或训至也。训至则为徦之假借。《尚书》古文作格，今文作假，如'假于上下'是也。"

第33章最后四小段引《诗》，皆讲至德的神奇功效。最后两小段相呼应，进一步说德的神奇效力在无形中体现。最后三小段引《诗》，有点题之意，即从首章慎独→致诚（20c—26，32）→至德（27以下）。毛文辉将第33章与前面各章联系起来，阐发《中庸》微旨，极有意思。毛文辉以为《中庸》全书垂重于"诚之"之学，其实功见于第23章"诚则形，形则著，著则明，明则动，动则变，变则化"一句；而为治教化层面，则以第26章"不见而章，不动而变，无为而成"为核心。他并认为，末章所言各事，皆与前面"形、著、明"及"不见而章"三句对应。其言曰：

> 圣学垂重，在"诚之"一边。"诚之"之学，推形、著、明一节为实功；而其为教为治化，则又以"不见而章"三句为配天地、育万物之极功。故此由其次而后历言至诚、至圣功化，至是独舍诚圣而专言君子，凡八引《诗》，有七君子。虽与篇首"君子中庸"相应，然其所实指者，是"诚之者"也。"君子诚之""君子尊德性"，皆从其次者进于诚圣。旧以八句引《诗》分作三截，似与形、著、明六句，"不见而章"三句互相发明。"闇然"，形也；"亦孔之昭"，则著也，此"不见而章"也。"不愧屋漏"者，明也。以户牖之明，漏照其处也。著则明也，然而"不动"，言而敬信。"不赏""怒"而"劝""威"，明而动也。究之，"不动""不言""不赏""不怒"则"不动而变"也。于是"百辟其刑"，变也。"不大声以色"以至于"无声无臭"，化也，即"无

为而成"也。此《中庸》立教之要旨也。(《续礼记集说》卷八十九《中庸》)

致诚(包括慎独)具有神奇的外化效应,或称为"诚化"思想,亦可称为"微显"思想,乃《中庸》最重要的思想之一,也即《孟子·离娄上》4.13所谓"至诚而不动者,未之有也"的思想。具体来说,首章称"致中和"而天地位、万物育,二者关系不清;第16章讲鬼神之德及"夫微之显""诚之不可揜",已展现诚化思想;第22章论至诚尽性可尽人物之性,直至赞天地化育,与第25章成己而后成物一致;第23章进一步从形、著、明、动、化论"唯天下至诚为能化",是这一思想最明确的表述。第24章论至诚可感动天地神灵;第26章论至诚无息,体现为久、征、悠远、博厚、高明,故由一诚可尽天地之道,"为物不贰,则生物不测"。第29章称君子动、行、言而影响至天下,虽不是从诚出发,亦是谈修身立德之神奇功效。第31章称至圣"见而民莫不敬,言而民莫不信,行而民莫不说"及"声名洋溢……施及……"。第32章讲化育亦与此有关。第33章各小段几乎全部在讲诚化思想(或称微显思想),而落脚于慎独(功夫),点明德的重要(最后三小节皆提到德)。特别是最后两段"不大声以色""德辖如毛",更是说明致诚立德效应之神奇,体现于无形。

子思半身像

大家读《中庸》

附录一：

《中庸》诵读本

【按语】

此本为初学者朗诵或背诵而设。为便于读者理解，我们将文本分为四部分（与前面注译划分相同）：第一部分为第1—11章，讲中庸，涉及慎独、中和等；第二部分为第12—20a章，论修道，从寻常日用及治理国家着手，而以舜、文、武、周公为典范；第三部分为第20b—26章，讲致诚，作为修道之方；第四部分为第27—33章，总结圣人至德，讲修道而立至德。通篇以仲尼圣德为最高典范。此章方式缘由，已在导论中交代。各家分章方式有别，读者自察。各部分前有按语。

一

【按语】第一部分为第1章至第11章，以中庸为宗旨，实包括慎独、中和等思想。本部分以第1章为中心。

1.天命之谓性，率性之谓道，修道之谓教。道也者，不可须臾（yú）离也，可离非道也。是故君子戒慎乎其所不睹，恐惧乎其所不闻。莫见（xiàn）乎隐，莫显乎微，故君子慎其独也。喜怒哀乐之未发谓之中，发而皆中（zhòng）节谓之和。中也者，天下之大本也；和也者，天下之达道也。致中和，天地位焉，万物育焉。

2.仲尼曰："君子中庸，小人反中庸。君子之中庸也，君子而时中；小人之中庸也，小人而无忌惮（dàn）也。"

3.子曰："中庸其至矣乎！民鲜（xiǎn）能久矣！"

4.子曰："道之不行也，我知之矣。知（zhì）者过之，愚者不及也。道之不明也，我知之矣。贤者过之，不肖者不及也。人莫不饮食也，鲜（xiǎn）能知味也。"

5.子曰："道其不行矣夫！"

6.子曰："舜其大知（zhì）也与！舜好问而好察迩（ěr）言，隐恶而扬善，执其两端，用其中于民，其斯以为舜乎！"

7.子曰："人皆曰予知，驱而纳诸罟（gǔ）擭（huò）陷阱之中，而莫之知辟（bì）也。人皆曰予知，择乎中庸，而不能期（jī）月守也。"

8.子曰："回之为人也，择乎中庸，得一善，则拳拳服膺（yīng），而弗失之矣。"

9.子曰："天下国家可均也，爵禄可辞也，白刃可蹈也，中庸不可能也。"

10.子路问强。子曰："南方之强与，北方之强与，抑而强与？宽柔以教，不报无道，南方之强也，君子居之。衽（rèn）金革，死而不厌，北方之强也，而强者居之。故君子和而不流，强哉矫（jiǎo）！中立而不倚，强哉矫！国有道，不变塞焉，强哉矫！国无道，至死不变，强哉矫！"

11.子曰："素隐行怪，后世有述焉，吾弗（fú）为之矣。君子遵道而行，半涂而废，吾弗能已矣。君子依乎中庸，遁世不见知而不悔，唯圣者能之。"

二

【按语】从第12章起，从不同角度讲"道"。不过第一节与第二节的区别在于，第一节偏重内修，第二节偏重外行。所谓外行，指偏重于外在人伦关系中如何行道，故本节讲道，主要从亲亲、五伦出发。

12.君子之道，费而隐。夫妇之愚，可以与（yù）知焉。及其至也，虽圣人亦有所不知焉。夫妇之不肖，可以能行焉，及其至也，虽圣人亦有所不能焉。天地之大也，人犹有所憾，故君子语大，天下莫能载焉。语小，天下莫能破焉。《诗》云："鸢飞戾天，鱼跃于渊。"言其上下察也。君子之道，造端乎夫妇；及其至也，察乎天地。

13. 子曰："道不远人，人之为道而远人，不可以为道。《诗》云：'伐柯伐柯，其则不远。'执柯以伐柯，睨（nì）而视之，犹以为远。故君子以人治人，改而止。忠恕违道不远，施诸己而不愿，亦勿施于人。君子之道四，丘未能一焉：所求乎子，以事父，未能也；所求乎臣，以事君，未能也；所求乎弟，以事兄，未能也；所求乎朋友，先施之，未能也。庸德之行，庸言之谨，有所不足，不敢不勉。有余不敢尽，言顾行，行顾言，君子胡不慥（zào）慥尔？"

14.君子素其位而行，不愿乎其外。素富贵，行乎富贵；素贫贱，行乎贫贱；素夷狄，行乎夷狄；素患难，行乎患难。君子无入而不自得焉。在上位，不陵下；在下位，不援上。正己而不求于人，则无怨。上不怨天，下不尤人。故君子居易以俟命，小人行险以徼（jiǎo）幸。子曰："射有似乎君子，失诸正鹄（gǔ），反求诸其身。"

15. 君子之道，辟（pì）如行远必自迩，辟如登高必自卑。《诗》曰："妻子好（hào）合，如鼓瑟琴；兄弟既翕（xī），和乐且耽；宜尔室家，乐尔妻孥（nú）。"子曰："父母其顺矣乎！"

16. 子曰："鬼神之为德，其盛矣乎！视之而弗见，听之而弗闻，体物而不可遗。使天下之人，齐（zhāi）明盛服，以承祭祀。洋洋乎如在其上，如在其左右。《诗》曰：'神之格思，不可度（duó）思，矧（shěn）可射（yì）思。'夫（fú）微之显，诚之不可揜（yǎn）如此夫！"

17. 子曰："舜其大孝也与！德为圣人，尊为天子，富有四海之内，宗庙飨（xiǎng）之，子孙保之。故大德必得其位，必得其禄，必得其名，必得其寿。故天之生物，必因其才而笃焉。故栽者培之，倾则覆之。《诗》曰：'嘉（xiá）乐君子，宪宪令德：宜民宜人，受禄于天；保佑命之，自天申之。'故大德者必受命。"

18. 子曰："无忧者，其唯文王乎！以王季为父，以武王为子，父作之，子述之。武王缵（zuǎn）大王、王季、文王之绪，壹戎衣而有天下。身不失天下之显名，尊为天子，富有四海之内，宗庙飨之，子孙保之。武王末受命，周公成文武之德，追王（wàng）大（tài）王、王季，上祀先公以天子之礼。斯礼也，达乎诸侯大夫，及士庶人。父为大夫，子为士，葬以大夫，祭以士。父为士，子为大夫，葬以士，祭以大夫。期（jī）之丧，达乎大夫。三年之丧，达乎天子。父母之丧，无贵贱，一也。"

19. 子曰："武王、周公，其达孝矣乎！夫孝者，善继人之志，善述人之事者也。春秋修其宗庙，陈其宗器，设其裳衣，荐其时食。宗庙之礼，所以序昭穆也。序爵，所以辨贵贱也；序事，所以辨贤也；旅酬下为上，所以逮（dài）贱也；燕毛，所以序齿也。践其位，行其礼，奏其乐，敬其所尊，爱其所亲，事死如事生，事亡如事存，孝之至也。郊社之礼，所以事上帝也；宗庙之礼，所以祀乎其先也。明乎郊社之礼，禘（dì）尝之义，治国其如示诸掌乎！"

20a. 哀公问政。

子曰："文武之政，布在方策。其人存，则其政举；其人亡，则其政息。"人道敏政，地道敏树。夫政也者，蒲（pú）卢也。

故为政在人，取人以身，修身以道，修道以仁。仁者，人也，亲亲为大；义者，宜也，尊贤为大。亲亲之杀（shài），尊贤之等，礼所生也。在下位不获乎上，民不可得而治矣。故君子不可以不修身，思修身不可以不事亲，思事亲不可以不知人，思知人不可以不知天。

天下之达道五，所以行之者三：曰君臣也，父子也，夫妇也，昆弟也，朋友之交也，五者天下之达道也。知、仁、勇三者，天下之达德也。所以行之者一也。或生而知之，或学而知之，或困而知之。及其知之，一也。或安而行之，或利而行之，或勉强而行之。及其成功，一也。

子曰："好学近乎知，力行近乎仁，知耻近乎勇。"知斯三者，则知所以修身；知所以修身，则知所以治人；知所以治人，则知所以治天下国家矣。

凡为天下国家有九经，曰：修身也，尊贤也，亲亲也，敬大臣也，体群臣也，子庶民也，来百工也，柔远人也，怀诸侯也。修身则道立，尊贤则不惑，亲亲则诸父昆弟不怨，敬大臣则不眩，体群臣则士之报礼重，子庶民则百姓劝，来百工则财用足，柔远人则四方归之，怀诸侯则天下畏之。

齐（zhāi）明盛服，非礼不动，所以修身也。去谗远色，贱货而贵德，所以劝贤也。尊其位，重其禄，同其好恶，所以劝亲亲也。官盛任使，所以劝大臣也。忠信重禄，所以劝士也。时使薄敛，所以劝百姓也。日省（xǐng）月试，既（xì）禀（lǐn）称事，所以劝百工也。送往迎来，嘉善而矜不能，所以柔远人也。继绝世，举废国，治乱持危，朝聘以时，厚往而薄来，所以怀诸侯也。

凡为天下国家有九经，所以行之者一也。凡事豫则立，不豫则废。言前定则不跲（jiá），事前定则不困，行前定则不疚，道前定则不穷。

三

【按语】第三部分以致诚为主，从圣人/天之道/诚者与君子/人之道/诚之者两个层面同时展开。

20b. 在下位，不获乎上，民不可得而治矣。获乎上有道，不信乎朋友，不获乎上矣。信乎朋友有道，不顺乎亲，不信乎朋友矣。顺乎亲有道，反诸身不诚，不顺乎亲矣。诚身有道，不明乎善，不诚乎身矣。

20c. 诚者，天之道也；诚之者，人之道也。诚者不勉而中，不思而得，从容中道，圣人也。诚之者，择善而固执之者也。博学之，审问之，慎思之，明辨之，笃行之。有弗学，学之弗能，弗措也。有弗问，问之弗知，弗措也。有弗思，思之弗得，弗措也。有弗辨，辨之弗明，弗措也。有弗行，行之弗笃，弗措也。人一能之，己百之；人十能之，己千之。果能此道矣，虽愚必明，虽柔必强。

21. 自诚明，谓之性；自明诚，谓之教。诚则明矣，明则诚矣。

22. 唯天下至诚，为能尽其性。能尽其性，则能尽人之性。能尽人之性，则能尽物之性。能尽物之性，则可以赞天地之化育。可以赞天地之化育，则可以与天地参矣。

23. 其次致曲，曲能有诚。诚则形，形则著，著则明，明则动，动则变，变则化。唯天下至诚为能化。

24. 至诚之道，可以前知。国家将兴，必有祯（zhēn）祥；国家将亡，必有妖孽。见（xiàn）乎蓍（shī）龟，动乎四体。祸福将至，善，必先知之；不善，必先知之。故至诚如神。

25. 诚者自成也，而道自道也。诚者物之终始，不诚无物。是故君子诚之为贵。诚者，非成己而已也，所以成物也。成己，仁也；成物，知（zhì）也。性之德也，合外内之道也，故时措之宜也。

26. 故至诚无息。不息则久，久则征，征则悠远，悠远则博厚，博厚则高明。博厚，所以载物也；高明，所以覆物也；悠久，所以成物也。博厚配地，高明配天，悠久无疆。如此者，不见（xiàn）而章，不动而变，无为而成。

天地之道，可一言而尽也。其为物不贰，则其生物不测。天地之道，博也，厚也，高也，明也，悠也，久也。今夫天，斯昭昭之多，及其无穷也，日月星辰系焉，万物覆焉。今夫地，一撮土之多，及其广厚，载华岳而不重，振河海而不泄。今夫山，一卷（quán）石之多；及其广大，草木生之，禽兽居之，宝藏兴焉。今夫水，一勺之多；及其不测，鼋（yuán）鼍（tuó）蛟龙鱼鳖生焉，货财殖焉。《诗》云："维天之命，於（wū）穆不已"，盖曰天之所以为天也。"於乎不显，文王之德之纯"，盖曰文王之所以为文也，纯亦不已。

四

【按语】此以下重心在于至德/至德之内涵及效应，而不再是诚，为全书最后归结处。

27.大哉圣人之道！洋洋乎发育万物，峻极于天。优优大哉！礼仪三百，威仪三千，待其人然后行。故曰苟不至德，至道不凝焉。故君子尊德性而道问学，致广大而尽精微，极高明而道中庸，温故而知新，敦厚以崇礼。是故居上不骄，为下不倍。国有道，其言足以兴；国无道，其默足以容。《诗》曰："既明且哲，以保其身。"其此之谓与！

28.子曰："愚而好自用，贱而好自专，生乎今之世，反古之道。如此者，裁（zāi）及其身者也。"非天子，不议礼，不制度，不考文。今天下，车同轨，书同文，行同伦。虽有其位，苟无其德，不敢作礼乐焉。虽有其德，苟无其位，亦不敢作礼乐焉。子曰："吾说夏礼，杞不足征也；吾学殷礼，有宋存焉；吾学周礼，今用之，吾从周。"

29. 王（wàng）天下有三重焉，其寡过矣乎！上焉者，虽善无征，无征不信，不信民弗从。下焉者，虽善不尊，不尊不信，不信民弗从。故君子之道，本诸身，征诸庶民，考诸三王而不缪（miù），建诸天地而不悖，质诸鬼神而无疑，百世以俟（sì）圣人而不惑。质诸鬼神而无疑，知天也；百世以俟圣人而不惑，知人也。是故君子动而世为天下道，行而世为天下法，言而世为天下则。远之则有望，近之则不厌。《诗》曰："在彼无恶，在此无射（yì）；庶几（jī）夙（sù）夜，以永终誉！"君子未有不如此而蚤有誉于天下者也。

30. 仲尼祖述尧舜，宪章文武，上律天时，下袭水土。辟如天地之无不持载，无不覆帱（dào）；辟如四时之错行，如日月之代明。万物并育而不相害，道并行而不相悖。小德川流，大德敦化。此天地之所以为大也。

31. 唯天下至圣，为能聪明睿知，足以有临也。宽裕温柔，足以有容也。发强刚毅，足以有执也。齐（zhāi）庄中正，足以有敬也。文理密察，足以有别也。溥（pǔ）博渊泉，而时出之。溥博如天，渊泉如渊。见（xiàn）而民莫不敬，言而民莫不信，行而民莫不说（yuè）。是以声名洋溢乎中国，施（yì）及蛮貊（mò）。舟车所至，人力所通，天之所覆，地之所载，日月所照，霜露所队（zhuì），凡有血气者，莫不尊亲，故曰配天。

32.唯天下至诚，为能经纶天下之大经，立天下之大本，知天地之化育。夫焉有所倚？肫（zhūn）肫（zhūn）其仁，渊渊其渊，浩浩其天。苟不固聪明圣知达天德者，其孰能知之？

33.《诗》曰："衣锦尚䌹（jiǒng）。"恶其文之著也。故君子之道，闇（àn）然而日章；小人之道，的（dì）然而日亡。君子之道，淡而不厌，简而文，温而理，知远之近，知风之自，知微之显，可与入德矣。

《诗》云："潜虽伏矣，亦孔之昭。"故君子内省（xǐng）不疚，无恶（wù）于志。君子之所不可及者，其唯人之所不见乎！

《诗》云："相在尔室，尚不愧于屋漏。"故君子不动而敬，不言而信。

《诗》曰："奏假（gé）无言，时靡（mí）有争。"是故君子不赏而民劝，不怒而民威于铁（fū）钺（yuè）。

《诗》曰："不显惟德，百辟（bì）其刑之。"是故君子笃恭而天下平。

《诗》云："予怀明德，不大声以色。"子曰："声色之于化民，末也。"

《诗》曰："德辅（yóu）如毛。"毛犹有伦，"上天之载，无声无臭"，至矣！

附录二：

《中庸》古本

子思立像

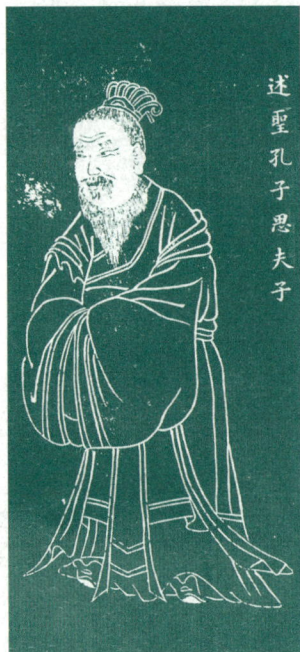

述聖孔子思夫子

子思石刻像

天命之謂性率性之謂道修道之謂教道也者不可須
臾離也可離非道也是故君子戒慎乎其所不睹恐懼乎其
所不聞莫見乎隱莫顯乎微故君子慎其獨也喜怒哀樂之
未發謂之中發而皆中節謂之和中也者天下之大本也和
也者天下之達道也致中和天地位焉萬物育焉仲尼曰君
子中庸小人反中庸君子之中庸也君子而時中小人之中
庸也小人而無忌憚也子曰中庸其至矣乎民鮮能久矣子
曰道之不行也我知之矣知者過之愚者不及也道之不明
也我知之矣賢者過之不肖者不及也人莫不飲食也鮮能
知味也子曰道其不行矣夫子曰舜其大知也與舜好問而
好察邇言隱惡而揚善執其兩端用其中於民其斯以爲舜
乎子曰人皆曰予知驅而納諸罟擭陷阱之中而莫之知辟
也人皆曰予知擇乎中庸而不能期月守也子曰回之爲人
也擇乎中庸得一善則拳拳服膺而弗失之矣子曰天下國
家可均也爵祿可辭也白刃可蹈也中庸不可能也子路問
強子曰南方之強與北方之強與抑而強與寬柔以教不報
無道南方之強也君子居之衽金革死而不厭北方之強也
而強者居之故君子和而不流強哉矯中立而不倚強哉矯
國有道不變塞焉強哉矯國無道至死不變強哉矯子曰素
隱行怪後世有述焉吾弗爲之矣君子遵道而行半涂而廢
吾弗能已矣君子依乎中庸遁世不見知而不悔惟聖者能
之君子之道費而隱夫婦之愚可以與知焉及其至也雖聖
人亦有所不知焉夫婦之不肖可以能行焉及其至也雖聖

人亦有所不能焉天地之大也人猶有所憾故君子語大天
下莫能載焉語小天下莫能破焉詩云鳶飛戾天魚躍於淵
言其上下察也君子之道造端乎夫婦及其至也察乎天地
子曰道不遠人人之爲道而遠人不可以爲道詩云伐柯伐
柯其則不遠執柯以伐柯睨而視之猶以爲遠故君子以人
治人改而止忠恕違道不遠施諸己而不願亦勿施于人君
子之道四丘未能一焉所求乎子以事父未能也所求乎臣
以事君未能也所求乎弟以事兄未能也所求乎朋友先施
之未能也庸德之行庸言之謹有所不足不敢不勉有餘不
敢盡言顧行行顧言君子胡不慥慥爾君子素其位而行不
願乎其外素富貴行乎富貴素貧賤行乎貧賤素夷狄行乎
夷狄素患難行乎患難君子無入而不自得焉在上位不陵
下在下位不援上正己而不求於人則無怨上不怨天下不
尤人故君子居易以俟命小人行險以徼幸子曰射有似乎
君子失諸正鵠反求諸其身君子之道辟如行遠必自邇辟
如登高必自卑詩曰妻子好合如鼓瑟琴兄弟既翕和樂且
耽宜爾室家樂爾妻帑子曰父母其順矣乎子曰鬼神之爲
德其盛矣乎視之而弗見聽之而弗聞體物而不可遺使天
下之人齊明盛服以承祭祀洋洋乎如在其上如在其左右
詩曰神之格思不可度思矧可射思夫微之顯誠之不可揜
如此夫子曰舜其大孝也與德爲聖人尊爲天子富有四海
之內宗廟饗之子孫保之故大德必得其位必得其祿必得
其名必得其壽故天之生物必因其才而篤焉故栽者培之

傾則覆之詩曰嘉樂君子憲憲令德宜民宜人受祿於天保
佑命之自天申之故大德者必受命子曰無憂者其惟文王
乎以王季爲父以武王爲子父作之子述之武王纘大王王
季文王之緒壹戎衣而有天下身不失天下之顯名尊爲天
子富有四海之內宗廟饗之子孫保之武王末受命周公成
文武之德追王大王王季上祀先公以天子之禮斯禮也達
乎諸侯大夫及士庶人父爲大夫子爲士葬以大夫祭以士
父爲士子爲大夫葬以士祭以大夫期之喪達乎大夫三年
之喪達乎天子父母之喪無貴賤一也子曰武王周公其達
孝矣乎夫孝者善繼人之志善述人之事者也春秋修其祖
廟陳其宗器設其裳衣薦其時食宗廟之禮所以序昭穆也
序爵所以辨貴賤也序事所以辨賢也旅酬下爲上所以逮
賤也燕毛所以序齒也踐其位行其禮奏其樂敬其所尊愛
其所親事死如事生事亡如事存孝之至也郊社之禮所以
事上帝也宗廟之禮所以祀乎其先也明乎郊社之禮禘嘗
之義治國其如示諸掌乎哀公問政子曰文武之政布在方
策其人存則其政舉其人亡則其政息人道敏政地道敏樹
夫政也者蒲盧也故爲政在人取人以身修身以道修道以
仁仁者人也親親爲大義者宜也尊賢爲大親親之殺尊賢
之等禮所生也在下位不獲乎上民不可得而治矣故君子
不可以不修身思修身不可以不事親思事親不可以不知
人思知人不可以不知天天下之達道五所以行之者三曰
君臣也父子也夫婦也昆弟也朋友之交也五者天下之達

道也知仁勇三者天下之達德也所以行之者一也或生而知之或學而知之或困而知之及其知之一也或安而行之或利而行之或勉強而行之及其成功一也子曰好學近乎知力行近乎仁知恥近乎勇知斯三者則知所以修身知所以修身則知所以治人知所以治人則知所以治天下國家矣凡爲天下國家有九經曰修身也尊賢也親親也敬大臣也體群臣也子庶民也來百工也柔遠人也懷諸侯也修身則道立尊賢則不惑親親則諸父昆弟不怨敬大臣則不眩體群臣則士之報禮重子庶民則百姓勸來百工則財用足柔遠人則四方歸之懷諸侯則天下畏之齊明盛服非禮不動所以修身也去讒遠色賤貨而貴德所以勸賢也尊其位重其祿同其好惡所以勸親親也官盛任使所以勸大臣也忠信重祿所以勸士也時使薄斂所以勸百姓也日省月試既稟稱事所以勸百工也送往迎來嘉善而矜不能所以柔遠人也繼絕世舉廢國治亂持危朝聘以時厚往而薄來所以懷諸侯也凡爲天下國家有九經所以行之者一也凡事豫則立不豫則廢言前定則不跲事前定則不困行前定則不疚道前定則不窮在下位不獲乎上民不可得而治矣獲乎上有道不信乎朋友不獲乎上矣信乎朋友有道不順乎親不信乎朋友矣順乎親有道反諸身不誠不順乎親矣誠身有道不明乎善不誠乎身矣誠者天之道也誠之者人之道也誠者不勉而中不思而得從容中道聖人也誠之者擇善而固執之者也博學之審問之慎思之明辨之篤行之有

弗學學之弗能弗措也有弗問問之弗知弗措也有弗思
之弗得弗措也有弗辨辨之弗明弗措也有弗行行之弗篤
弗措也人一能之己百之人十能之己千之果能此道矣雖
愚必明雖柔必強自誠明謂之性自明誠謂之教誠則明矣
明則誠矣唯天下之至誠爲能盡其性能盡其性則能盡人
之性能盡人之性則能盡物之性能盡物之性則可以贊天
地之化育可以贊天地之化育則可以與天地參矣其次致
曲曲能有誠誠則形形則著著則明明則動動則變變則化
唯天下至誠爲能化至誠之道可以前知國家將興必有禎
祥國家將亡必有妖孽見乎蓍龜動乎四體禍福將至善必
先知之不善必先知之故至誠如神誠者自成也而道自道
也誠者物之終始不誠無物是故君子誠之爲貴誠者非成
己而已也所以成物也成己仁也成物知也性之德也合外
內之道也故時措之宜也故至誠無息不息則久久則征征
則悠遠悠遠則博厚博厚則高明博厚所以載物也高明所
以覆物也悠久所以成物也博厚配地高明配天悠久無疆
如此者不見而章不動而變無爲而成天地之道可壹言而
盡也其爲物不一則其生物不測天地之道博也厚也高也
明也悠也久也今夫天斯昭昭之多及其無窮也日月星辰
繫焉萬物覆焉今夫地一撮土之多及其廣厚載華嶽而不
重振河海而不泄今夫山一卷石之多及其廣大草木生之
禽獸居之寶藏興焉今夫水一勺之多及其不測黿鼉蛟龍
魚鱉生焉貨財殖焉詩云維天之命於穆不已蓋曰天之所

以爲天也於乎不顯文王之德之純蓋曰文王之所以爲文
也純亦不已大哉聖人之道洋洋乎發育萬物峻極於天優
優大哉禮儀三百威儀三千待其人然後行故曰苟不至德
至道不凝焉故君子尊德性而道問學致廣大而盡精微極
高明而道中庸溫故而知新敦厚以崇禮是故居上不驕爲
下不倍國有道其言足以興國無道其默足以容詩曰既明
且哲以保其身其此之謂與子曰愚而好自用賤而好自專
生乎今之世反古之道如此者栽及其身者也非天子不議
禮不制度不考文今天下車同軌書同文行同倫雖有其位
苟無其德不敢作禮樂焉雖有其德苟無其位亦不敢作禮
樂焉子曰吾說夏禮杞不足征也吾學殷禮有宋存焉吾學
周禮今用之吾從周王天下有三重焉其寡過矣乎上焉者
雖善無征無征不信不信民弗從下焉者雖善不尊不尊不
信不信民弗從故君子之道本諸身征諸庶民考諸三王而
不繆建諸天地而不悖質諸鬼神而無疑百世以俟聖人而
不惑質諸鬼神而無疑知天也百世以俟聖人而不惑知人
也是故君子動而世爲天下道行而世爲天下法言而世爲
天下則遠之則有望近之則不厭詩曰在彼無惡在此無射
庶幾夙夜以永終譽君子未有不如此而蚤有譽於天下者
也仲尼祖述堯舜憲章文武上律天時下襲水土辟如天地
之無不持載無不覆幬辟如四時之錯行如日月之代明萬
物並育而不相害道並行而不相悖小德川流大德敦化此
天地之所以爲大也唯天下至聖爲能聰明睿知足以有臨

也寬裕溫柔足以有容也發強剛毅足以有執也齊莊中正
足以有敬也文理密察足以有別也溥博淵泉而時出之溥
博如天淵泉如淵見而民莫不敬言而民莫不信行而民莫
不說是以聲名洋溢乎中國施及蠻貊舟車所至人力所通
天之所覆地之所載日月所照霜露所隊凡有血氣者莫不
尊親故曰配天唯天下至誠爲能經綸天下之大經立天下
之大本知天地之化育夫焉有所倚肫肫其仁淵淵其淵浩
浩其天苟不固聰明聖知達天德者其孰能知之詩曰衣錦
尚絅惡其文之著也故君子之道闇然而日章小人之道的
然而日亡君子之道淡而不厭簡而文溫而理知遠之近知
風之自知微之顯可與入德矣詩云潛雖伏矣亦孔之昭故
君子內省不疚無惡于志君子之所不可及者其唯人之所
不見乎詩云相在爾室尚不愧於屋漏故君子不動而敬不
言而信詩曰奏假無言時靡有爭是故君子不賞而民勸不
怒而民威於鈇鉞詩曰不顯惟德百辟其刑之是故君子篤
恭而天下平詩云予懷明德不大聲以色子曰聲色之於化
民末也詩曰德輶如毛毛猶有倫上天之載無聲無臭至矣

《述圣遗像》碑

　　立于清康熙年间，由孟子六十七代孙世袭五经博士孔毓铤立石，碑刻上端刻有宋理宗皇帝题写御制赞。赞文下刻子思坐像，线条流畅，形象逼真，面目丰腴，慈祥和蔼，从中可以窥见两千多年以前子思的风采

　　像上篆文：

　　闲居请膺，世业克昌。可离非道，孜孜力行。发挥中庸，体固有常。入德枢要，治道权衡

　　　　　　　　　　　　　　　　　　大家读《中庸》

附录三：

《中庸》思想的现实意义

《中庸》本是《大戴礼记》49篇中的一篇，自朱熹将其单列出来，与《大学》《论语》《孟子》合为"四书"以后，对宋元之后知识群体的精神世界产生了深远影响。就《中庸》文本来看，篇幅非常短小，仅有3500多字，比《道德经》还要简短。但就是这样一部短小的作品，思想内容却极为丰富，包含了天道、人道、修身、治道等众多方面的内容，可谓是"辞约而旨丰，事近而喻远"。

《中庸》历来被认为是最为深奥的一部儒家经典，我们从朱熹所提倡的"四书"阅读顺序便可看出："先读《大学》，以定其规模；次读《论语》，以定其根本；次读《孟子》，以观其发越；次读《中庸》，以求古人之微妙处。"既然《中庸》如此深奥，那么我们不禁就会发出疑问，《中庸》到底是本什么书呢？

关于《中庸》的性质，历来众说纷纭、莫衷一是。我们不妨回到先儒那里，看看他们到底是如何理解《中庸》的。首先为《中庸》作注的是郑玄，其言曰："名曰《中庸》者，以其记中和之为用也。庸，用也。孔子之孙子思伋作之，以昭明圣祖之德。"在郑玄看来，《中庸》整本书是讲中和之用的。朱熹则认为《中庸》是"子思子忧道学之失其传而作也"，是"孔门心法"，传道统之书。当代学者陈荣捷则认为："在儒家全部古典文献中，它或许是哲理性最强的。"杜维明则从精神人文主义的视角来阐发《中庸》的宗教性。

尽管这四位学者对《中庸》的定位存在一定的差异，但他们都有一个共识，即"中庸"是该书的宗旨。但其实，我们深入分析文本结构，并联系先秦学者常不以书名、篇名来反映文章宗旨的文献学知识来看，似乎《中庸》一书的宗旨并非中庸，而是修身立德。我们可以将《中庸》划分为四部分：第一部分讲中庸（第1章至第11章）；第二部分讲修德（第12章至第20章"道前定则不穷"）；第三部分讲致诚（第20章"在下位不获乎上"起始，至第26章）；第四部分讲至德（第27章至第33章）。

厘清《中庸》的性质以后，我们又会提出一个疑问：既然《中庸》是一部古代的经典，是古圣先贤对他们所处时代的所思所想，古今殊途，那么它对身处现代世界的我们又有何时代意义呢？的确，《中庸》的作者子思身处战国初期，他所面对的是战国时期的生活图景，想要解决的是战国时期的时代问题，和我们今天的生活世界以及所面临的问题迥然有别。但我们阅读《中庸》，不是期望在其中找到现成的答案去解决我们的时代问题，而是要回溯我们的精神源头，学习古人的思维方式。阅读《中庸》，我们可以将古圣先贤视为我们的同时代人，亦即生活在现代世界的古代人，我们既可以用现代视角来解读《中庸》，也可以用古代视角来理解现代社会，以达成一种双向的批判与借鉴，从而为反思当下生活提供一种新的可能性。此外，儒学作为一种活的精神传统，它不是"博物馆里的陈列物"，也不是"游魂"，而是深深植根于中国人的"文化—心理结构"或"文化无意识"之中的。它直指人心，始终以人心、人性作为思想的出发点。"人同此心，心同此理"，尽管古今异途、中西殊俗，但我们有着共通的人性、人情。儒家经典所致思的对象正是普遍性的人性、人情，所以它从未自限其范围，它要解决的不是一家、一族、一国的问题，而是整个天下的问题，"君子笃恭而天下平"即很好地诠释了这一点。揆诸世界思想史，我们也会发现，《中庸》绝不仅仅感动、影响着中国人的心灵世界，也传播到东亚乃至欧美世界，感动、影响着东亚、欧美人的心灵世界。这便说明《中庸》这一经典具有超越时空的穿透力，始终构成我们思想世界的源头活水。正如雅思贝尔斯所言："人类一直靠轴心时代所产生的思考和创造的一切而生存，每一次新的飞跃都回顾这一时期，并被它重新燃起火焰。自那以后，情况就是这样，轴心期智慧潜力的苏醒和对轴心期智慧潜力的回归，或者说复兴，总是为人类提供不竭的精神动力。"信哉斯言也！无论是欧洲的文艺复兴，还是中国的宋明理学，都是回到轴心时代，对古代经典做出新的解释，从而解决了时代所面临的问题。甚至，我们可以这样说：人类的知识会随着时代的发展产生巨大的进步，但智慧的进步却是微乎其微，每当我们回顾经典时，总是会被古人的智慧所折服。我们所面临的根本性问题，也是他们曾经所面临并试图要解决的根本性问题。或许我们可以在知识上轻视他们，但在智慧上却不得不承认他们的伟大。"天不变，道亦不变"，对于天，我们不做训诂学的解释，将天理解为人（天）性，只要基本人性不变，经典就会具有永恒的力量。

阅读《中庸》并不能给我们提供现成的答案，我们今天所面临的环境污染、贫富悬殊、价值撕裂、心灵疾病等种种问题是古人不曾有过的，但我们可以带着这些问题走进经典，与古人对话，想象他们生活于今天，是如何看待并解决这些问题的。总之，不论是古人还是今人，我们始终要面临着三重关系问题：人与自身、人与他人、人与世界的关系问题。而这三重关系问题，在《中庸》里都有体现。我们不妨走进《中庸》，去看看它是如何面对这些问题的。

一、《中庸》的思维方式

中庸既是一种道德修养的最高境界，也是一种思维方式。作为思维方式的中庸有不同的侧重点。

1.中和，适度与和谐的思维方式。《中庸》首章讲"致中和，天地位焉，万物育焉"。对于中和这一概念，我们可以从两方面来解读。首先，紧贴文本，"喜怒哀乐之未发谓之中，发而皆中节谓之和。中也者，天下之大本也；和也者，天下之达道也。致中和，天地位焉，万物育焉"。这里所说的中是指喜怒哀乐这些情感未产生、未显现时的状态；所说的和是指喜怒哀乐这些情感产生、显现时，合乎法度的状态。抽离语境，我们从更具普遍性的层面来理解中和。所谓中是指不偏不倚、无过不及、恰到好处，也就是遵循适度原则。我们知道度是质和量的关键点，当事物的量积累到一定"度"（程度）以后就会发生质变，事物的性质就会发生转化。因此，把握好度就显得非常重要。所谓和，是指多样性的统一。孔子强调"和而不同"，史伯强调"和实生物，同则不继，以他平他谓之和，故能丰长而物归之；若以同裨同，尽乃弃矣。故先王以土与金、木、水、火杂，以成百物"。也就是说，达到和谐的前提是承认万物的不同，承认万物的差异，承认万物多样性的存在。在这种"和"的观念下，我们认为人与自身、人与他人、人与世界、人与自然是相互协调的整体性存在，任何一个环节的不协调就会影响到整体的和谐。总的来看，这种适度与和谐的思维方式，也是关联性思维方式的集中体现。

2.时中，随时处中的思维方式。《中庸》第2章曰"君子之中庸也，君子而时中"，所谓时中，即随时而处中。《论语·先进》曰："子贡问：'师与商也孰贤？'子曰：'师也过，商也不及。'曰：'然则师愈与？'子曰：'过犹不及。'"在这里，孔子认为"中"就是无过无不及，要恰到好处。但是，我们对待"中"，不能僵化地将其作为固定的原则来奉行，而是能够审时度势，根据具体的情境做出适当的调整。正如《孟子·尽心上》所言："执中无权，犹执一也。"《孟子·万章下》曰："孔子，圣之时者也。"朱熹说："盖中无定体，随时而在，是乃平常之理也。"所以我们不能"执中"，而应"时中"。也就是说，中是变动不居的，需要我们随时而处中，即根据具体的情境而做到"中"，这就是"时中"。由此，我们知道，时中这一原则里已然包含了"权"的概念，也就是我们要根据具体的境况通达权变，做到动态的平衡统一，做到原则性与灵活性的统一。

3.执两用中，在两端之间寻求动态平衡的思维方式。《中庸》第6章曰"执其两端，用其中于民"。对于"两端"，程颐理解为"舜执持过不及，使民不得行"（《二程集》卷十八）。朱熹不赞同程颐此解，认为"此'执'字只是把来量度"（《朱子语类》卷六十三）。对于"两端"，朱熹不似程颐那样解得过实，而是用更具涵盖性与伸缩性的语言解为"两头"。戴震也说：

"'执其两端'，如一物之有本末、首尾、全体无遗弃也。"（《孟子字义疏证·附录·中庸补注》）。如果像程颐那样将"执"理解为"执持"，则显得缺乏审时度势、灵活应变的能力，如孟子"执中无权，犹执一也"所批判的那样。但如果按照朱熹的解释，则"执"有权衡、审时度势的含义，如以喜怒、好恶为例，"中"不是指既不喜也不怒、既不好也不恶，而是指当喜时则喜，当怒时则怒；当好时则好，当恶时则恶。在这里，"中"有"权"的含义，即根据具体的情况来适宜地、恰到好处地处理事情。正如伊藤仁斋《中庸发挥》所言："盖中者，就两端而言，刚柔大小、厚薄浅深，谓之两端。其两间之中，谓之中，所谓'执其两端，用其中于民'是也。亦有不刚不柔、稳当平正之意。故中必待权而后得当。若执中无权，则有一定不变之弊。故《孟子》曰'执中无权，犹执一也'。若舜、汤之执中，虽不言权，权自在其中矣。若学者，必不可不用权，故中必以权为要。"

4.极高明而道中庸，高明就在日常凡俗之中。《中庸》第27章讲"极高明而道中庸"。这里的中庸是强调日用常行，高明则是强调德行的至高境界。儒家强调"道不远人，人之为道而远人，不可以为道"，儒家实现人道的方式就体现在我们每天所面对的人伦日用之间，都是极为平常的小事，但却能达到超越的境界，所谓"君子之道，造端乎夫妇，及其至也，察乎天地"。我们将孔子视为圣人，但圣人不是脱离了日常生活、傲立于云端的神仙形象。所谓圣人，按照孟子的理解，是指"人伦之至也"。也就是说，孔子之所以是圣人，是因为他在日常的人际关系和事务中做到了极致，也就是"即凡而圣"，在凡俗生活中达到了神圣。

二、《中庸》的修身智慧

《中庸》一书以修身为本，而修身的关键就在于慎独和致诚。

1.慎独，在别人看不见、不了解的情况下谨慎处理自己的心理活动。《中庸》首章讲"故君子慎其独也"。所谓独，朱子谓"人所不知而己所独知之地也"，戴震《中庸补注》则"以人之所不见"释"独"。二人所释"独"既指一人独处，亦指内心独有。然郑玄以"慎其闲居之所为"释"慎独"，孔颖达也以"幽隐之处""细微之所"释"独"，朱子《大学章句》亦以"独居"释"闲居"。梁涛以为，《中庸》《大学》慎独的含义一样，"都是指内心的专一，内心的诚"，"与独居、独处没有关系"；至于《大学》所谓"小人闲居为不善"并不是作为慎独的原因，而是作为未能慎独的结果。与梁涛不同，岛森哲男以为"独"有多个"位相"，

"从消极的单指周围没有他者存在的一个人的状态，到介然独立而具有主体性"。岛森哲男举《大学》"人之视己，如见其肺肝然"，"十目所视，十手所指，其严乎"及《淮南子·缪称训》"夫察所夜行，周公不惭乎景，故君子慎其独也"，以证慎独乃是"设定在除了自己以外，没有别人、没有人看着的情况"。当然他认为，这种"排除他者的情况下所应该采取的态度"，既可以是消极的，也可以是积极的。消极的态度是指仅仅"设定他者不在"，但积极的态度则是"在拒绝他者、超越他者中所产生的状态"，即在一种自觉地拒绝他人在场、面向内心深处自省的态度，这是"慎独在很多场合被当成'心'的问题而论述"的主要原因，如《孟子》《帛书五行》《礼器》《荀子·不苟》等文献所见。岛森之说似乎更为稳妥。

慎独作为一种修身范畴，其内在魅力与活力几千年不衰，一定有更深层次的原因。经过反复思索以后，笔者觉得慎独应当是指自己在别人看不见、不了解的情况下如何处理自己的心理活动。换言之，即当我们内心中欲念、欲望生起的时候，敢不敢公之于众；如果觉得不敢公之于众，则这些欲望、欲念自会止息，不敢再生起。慎独作为修身功夫的强大魅力在于：不要以为别人不知道，而听任自己内心的欲望和杂念发展。它提供了这样一种独特的自省方法，即时时刻刻省察自己的欲望、念想敢不敢公之于众，以此来判断该不该有此欲念。也就是司马光所说的"吾平生无过人，但所为无不可对人言者"之意，古人常以"诚实无欺"释之。

如此来理解慎独，其含义便包括内外两个方面。内是指内心的欲望和杂念，外是指别人看不见、不知道。作为修身功夫，其含义就是指通过敢不敢公之于众、敢不敢告诉别人来判断自己的欲望和想法是好还是坏，应不应该有。也就是说，慎独是一体两面、缺一不可的功夫，是通过"意识着他人的视线"（岛森哲男语）来处理自己的欲望和念想，亦即古人常借"听于无声，视于无形"（《礼记·曲礼》）来解慎独之意。

2.致诚，真诚地面对自己与他人。在《中庸》中，诚是贯通天道与人道的枢纽。诚既是指天道的本然属性，具有真实无妄的含义；又是指道德修养的一种至高的境界，即能够真诚地面对自己与他人。因此，诚可以说是即本体即功夫。《中庸》第20章强调："诚者，天之道也；诚之者，人之道也。诚者不勉而中，不思而得，从容中道，圣人也。诚之者，择善而固执之者也。"第21章强调："自诚明，谓之性。自明诚，谓之教。诚则明矣，明则诚矣。"在这里区分了诚者/自诚明与诚之者/自明诚，前者是率性，即顺应本性而为；后者是修道，即后天努力而为。二者虽然取径不同，但它们所达到的效果却是一致的。《中庸》第26章讲"至诚无息"，即强调至诚的力量恒久而不止息；第22章则讲"唯天下至诚，为能尽其性"，所谓"尽其性"即充分发挥自己的本性，也就是活出自己的真实本性来。一个人只有充分活出自己的本性，才能具备充沛的力量。现代人迫于社会的压力和出于理性的计较，戴上各种面具，扮演各种"人设"，造成了自己内心激烈的冲突，身心俱疲、人格扭曲、充满了焦虑、恐惧与痛苦，归根结底在于没有活出自己的真性，按照社会或他人的期待扮演着某种角色。一个人只有先对自己真诚，才能对别人真诚，我们今天最大的问题是对自己不真诚。我们活在一个理性算计的年代，考虑问题总是计较利害得失，而不考虑是否符合自己的本性，可谓是有理性无人性。如果一个人都不能活出自己的本性来，又怎么会在意别人的感受，关心他人的疾苦呢？"唯天下之至诚，为能尽其性。能尽其性，则能尽人之性。能尽人之性，则能尽物之性。能尽物之性，则可以赞天地之化育。可以赞天地之化育，则可以与天地参矣。"一个人只有真诚地面对自己时，才能充分实现自己的本性。如若能充分实现自己的本性，就能充分实现他人的本性。如若能充分实现他人的本性，就能充分实现万物的本性。如若能充分实现万物的本性，就能辅助天地化生和养育生命。能辅助天地化生和养育生命，就可以与天地并列为三了。真诚的力量是多么伟大啊！它能够突破人我、物我的区隔与界限，实现与天地万物的共生与和谐。

三、《中庸》的管理艺术

《中庸》一书以修身为本，以至德为归，修身与治平是联系在一起的。

1.修身为本的德治思想。儒家对人生与世界的关怀绝不止于修身，修身是为了实现治平这一更为宏伟的目标。《中庸》第20章集中讨论政治问题，所谓"知所以修身，则知所以治人，知所以治人，则知所以治天下国家矣"，修身、治人与治天下国家呈现出一种层层递进的关系；第33章则讲"君子不赏而民劝，不怒而民威于铁钺"，"君子笃恭而天下平"。这几处的理路皆是强调，通过修身来实现德（达德、至德、圣德、天德等），德之所以重要，是因为作者相信一切外在的政治功效皆是至德的自然呈现。从整个《中庸》来看，德字一共出现22次，如"庸德""小德""大德""达德""令德""明德""至德""文武之德""文王之德"等等。这对于我们今天依然具有借鉴意义，即领导干部应当从自身出发，加强自身修养，不要动辄诉诸行政命令或者刑法，要做到以德服人，而非以势压人。所谓"为政在人，取人以身，修身以道，修道以仁"，即强调处理好政事完全取决于用什么人，而要得到适用的人在于修养自身，修养自身的关键在于提升道德，而提升道德要以仁为本。

2. 贤人在位的典范政治。在本书中，"君子"总共出现34次，而"故君子"出现达16次之多，"君子之道"出现7次。《中庸》以修身为本，通过修身来达到至德，进而实现天下平的远大政治理想。修身的主体便是君子，没有君子，这些都无从实现。所谓"文武之政，布在方策。其人存，则其政举；其人亡，则其政息"。今天，我们似乎对这句话充满了争议，认为这是典型的人治思想，认为现代社会最重要的是法治。但其实，儒家并非不注重制度建设，而是认为任何制度都是有缺陷的，因为它是由有缺陷的人所设计的，倘若人的德性没有修养到一定境界，制度便发挥不出其应有的功效。"道之以政，齐之以刑，民免而无耻。道之以德，齐之以礼，有耻且格。"（《论语·为政》）如果一味地依赖于外在的制度约束，而不是树立内在的道德意识，这样民众就只会想尽办法去钻制度的漏洞而毫无羞耻之心。"徒善不足以为政，徒法不能以自行"（《孟子·离娄上》）。不是说制度建设不重要，只是制度设计再完善也得有人去落实，一种制度从理论设想到现实推行，中间是存在一定距离的，而这一切都有赖于贤人君子充分发挥这种管理的艺术去将其推行落实的。正如徐梵澄所言："无数历史事实证明，无论多么完善和完整的规章法律（如今名为"计划"），多么出色的体制，都会衰颓，渐至无用。除非有高上之心思以远见，更重要的是，以善意对其不断底维护、更新和改善。"(《孔学古微》) 所谓"高上心思"就是指君子贤人，而维护、更新和改善则有赖于贤人君子对中庸、时中的恰当把握。

四、《中庸》的教育思想

道德教育以成己成物为目标，而不是通过灌输外在的规范和教条来实现。《中庸》第25章讲："诚者，非成己而已也，所以成物也。"即诚并不仅仅是自我成就就够了，而且还要成就万事万物。那么我们为什么要追求诚呢？因为"诚者物之终始，不诚无物"，即诚是事物的发端和归宿，没有了诚也就没有了事物，所以君子要以诚为贵。那么我们如何完善自己的本性呢？"诚者，自成也，而道自道也"，也就是说，追求诚是为了完善自己的本性，而完善自己的本性需要遵循道。《中庸》首章便告诉我们"率性之谓道"，即强调道不是外在的强制性规范，而是顺着本性而为，这也是我们做任何事情所应当遵循的原则。在"率性之谓道"

的后面，紧接着强调"修道之谓教"，即强调所谓教化、教育要顺着人的本性而施为。尊重人的本性，顺应人的本性而为是一切道德教育的根本原则。只有如此，我们的道德教育才能富有成效而可持续发展。

《中庸》告诉我们，所谓诚首先要尊重自己的本性，充分去完善、实现自己的本性。也就是说，我们只有在尊重自己本性的时候才做到了对自己真诚。但真诚绝不仅仅止步于成就自己，还包括去成就万物。成就自己的前提是对自己真诚，即尊重自己的本性，充分实现自己的本性；成就万物的前提则是对他人、他物真诚，即尊重他人、他物的本性，充分去实现他人、他物的本性。这也告诉我们，一切道德教育、一切价值的实现都要建立在充分尊重人的本性，尊重事物本性的基础上，否则一切都终将适得其反。

结语

《中庸》虽然是一部古代经典，但它具有穿越时代的永恒力量，这是由它致力解决人类所面临的普遍性、根本性问题的性质所决定的。经典之所以为经典，在于常读常新。人类每一次精神上的进步都是在回溯经典、回溯圣贤的基础上所取得的，无论时代如何发展，知识如何积累，普遍的人性、人情问题亘古不变，这是人类所面临的根本性问题，也是人类大经圣典所致思的对象。

人生活在世界上，会面临很多问题与困难，看似纷繁复杂、目眩神迷，但归根结底是如何与自己相处的问题。如果一个人在面对自己时，总是充满紧张、焦虑、压抑、自卑等冲突和痛苦，那他又怎么能够处理好与他人与周遭世界的关系呢?《中庸》强调中和、慎独、致诚等修身功夫，就是为了完善我们的人格、性格，就是为了消除我们身上的消极力量，从而能够让生命的积极力量迸发出强大的活力。一个人只有对自己表现得真诚，他才能够减少负面情绪对自己的伤害，才能够身宽体胖、身心舒泰，才能够活出自己的本然真性。只有活出本然真性的人，才是自在的、松弛的，才是心胸宽广的，他不需要时刻提防着别人，不需要时刻压抑着自己，不需要将自己与他人、与万物区隔开来。

经典是既定的，但对经典的解读却是敞开的。经典能否回应时代问题，取决于我们能否做到创造性转化与创新性发展。《中庸》并没有给我们提供现成答案，但它对于我们的价值就在于：我们可以像先贤那样思考，像先贤那样生活。他们充满智慧的洞见和洋溢着的光辉人格足以在黑暗与迷茫中唤醒我们，给我们提供指引与动力!

延伸阅读

注释类

1. 王云五主编，宋天正注译，杨亮功校订:《大学中庸今注今译》，中国友谊出版公司2021年版。{该书以朱熹《中庸章句》为根据，在章内按照文意重新做了分段。注释主要以朱注为主，兼采他家之说作为补正。全书体例按照原文、今注、今译、今释依次排列。语言明快简练，通俗流畅，对于读者入门《中庸》多有助益。但问题在于主要以朱熹注释为主，对于其他注释采获较少，未突破朱子学的藩篱。因为朱熹将《中庸》纳入其理学体系中进行理解，未必符合先秦时期的本义。}

2. 蒋伯潜:《中庸读本》，载《四书读本》，江西教育出版社2018年版。{该书在朱熹《中庸集注》的基础上，将历史上有争议的注解逐条列出，并做出自己的判断，清通简要。本书得到诸多著名学者的广泛推崇，在中国台湾地区曾被作为国学教材使用。特色在于每章之后列出几道问题，对于读者把握整章大义颇有帮助。缺点在于未对生僻字词做出现代汉语标音，对于普通读者阅读原文存在一定的障碍。}

3. 王国轩译注:《大学·中庸》，中华书局2022年版。{该书采取解读、注释、翻译的形式，以朱熹《中庸章句》为底本。章节按照朱熹章句划分，注释则博采众长、不固守宋儒看法。解读注重重要概念与章节之间的内在联系，对于朱注并不盲从，时而加入自己的见解。语言通俗简练，对于生僻字一一标明注音，是大众读者阅读《中庸》非常适合的入门书。}

4.〔宋〕朱熹:《中庸章句》,载《四书章句集注》,中华书局2012年版。{该书可以说是历史上迄今为止关于《中庸》最好的注本,义理、训诂皆精,尤其将《中庸》的深刻含义完全揭示出来,将《中庸》的义理提升到一个新的高度。但在阅读该书之前,需要对宋明理学和朱熹思想具有一定程度的了解,故对大众读者来说具有较高的门槛。读者若学有余力,可以将之当作阅读《中庸》的进阶性、研究性读物。}

5.〔宋〕卫湜:《中庸集说》,杨少涵整理,漓江出版社2011年版。{该书是从南宋学者卫湜编纂的《礼记集说》中截取而来,以征引宏富著称,是研究《中庸》思想不可或缺的资料汇编。如果我们以经学的视野来研读《中庸》,那么《中庸集说》绝对是绕不过去的。不过此书阅读门槛较高,可作为研究性读物。}

专著类

6.〔美〕安乐哲、〔美〕郝大维著,彭国翔译:《切中伦常:〈中庸〉的新诠与新译》,中国社会科学出版社2011年版。{该书是海外汉学领域关于《中庸》研究的一部力作,见解独特、思想深刻。既包含了对于《中庸》的文本研究,也从哲学性、宗教性的角度对《中庸》进行了诠释,还对包括中庸在内的20多个概念进行了细致的辨析。这也正像译者向我们所昭示的那样,儒学研究早已不再是中国人研究的专利,而是世界各国学者都在参与的人类共业。因此我们今天看待、研究儒学应当自觉将其置于中西文明交汇的广阔视域之中。}

7.〔美〕杜维明著、段德智译:《〈中庸〉:论儒学的宗教性》,生活·读书·新知三联书店2013年版。{该书以儒学的宗教性为主题，对于《中庸》的文本，以及君子、信赖社群、道德形而上学、儒学的宗教性等问题进行了深入的分析和探讨。所谓儒学的宗教性，是指具有独立人格的儒家之人何以实现终极的"自我转化"问题，他不是孤立的个体，而是具有整全性的人，能够将各种关系整合到主体自身的丰富性个体。所以该书在探讨儒学宗教性的同时，又探讨了君子、信赖社群、道德形而上学等内容，旨在强调它们之间构成了一个有机整体，具有内在关联性。该书对于我们理解《中庸》的精微与高深之处颇有启发，在一定程度上可以帮助我们改变对于儒学的流俗看法。}

8. 陈赟:《中庸的思想》，生活·读书·新知三联书店2007年版。{该书通过"深度诠释"的方式，对于《中庸》的文本、内在结构与思想展开了细致的分析，对于文化世界、君子之道、中庸之道等论域和文、德、诚等概念进行了深入的论述。作者将"中庸"与"中国"联系起来，认为中庸构成了中国人这一族群在历史进程中形成的特有生活方式。中庸确立了"天地之间"的生活境遇，教导着人们如何做人，开启了人的本真生活。通过"命—性—道—教"的文化境遇为人们打开了一种"合内外"的生活可能性。}

9. 张汝伦:《〈中庸〉研究（第一卷）:〈中庸〉前传》，上海人民出版社2023年版。{该书视野极为广阔，虽以中庸为名，但对中国哲学的许多基础性问题都做了深刻的讨论，如对于中国哲学的起源及理性、超越、阴阳、象、气等概念都做了深入的分析。该书虽然不是对中庸的直接研究，但是对于中庸哲学产生的背景做了深入的讨论，对于我们理解《中庸》，理解中国哲学的特性和价值具有较大的启发。}

10. Yanming An, *The Idea of Cheng（Sincerity/Reality）in the History of Chinese Philosophy*, New York：Global Scholarly Publications，2005.（〔美〕安延明：《论诚》）{该书以"诚"为主题，对于不同时代、不同思想家关于诚的理解做了详细的梳理与考察。同时就《中庸》一书中，诚与其他美德（如智仁勇三达德），以及诚与圣人的关系进行了深入的讨论。}

11. 谭宇权：《中庸哲学研究》，台北文津出版社1995年版。{该书通过翔实的考证与深入的义理分析为我们呈现出一个内涵丰富、思想深刻的《中庸》的经典形象。不仅从文本本身出发，对于《中庸》的思辨方法、人生哲学、政治哲学与形上哲学等诸多领域进行了深入的分析，还对于《中庸》的文本、成书时代，以及与《孟子》《易传》的关系等诸多外缘性问题做了仔细考察，可谓是文本与义理皆精，考证与思想兼顾，确实是《中庸》思想研究领域的一部重要著作。}

12. 杨少涵：《〈中庸〉的升经》，河南人民出版社2023年版。{该书是《中庸》研究的考论性专著，对于《中庸》升经的历史过程、中庸的含义、《中庸》的诸多疑点、争议等重要问题都做出详细的分析。对于我们理解《中庸》文本发展的历程以及文本背景性知识的深入理解具有很大帮助。}

13. 杨少涵：《中庸原论：儒家情感形上学之创发与潜变》，社会科学文献出版社2015年版。{该书以儒家的情感形上学为主题，以儒学的内化转向为主线，从哲学的角度深入分析了《中庸》思想的内在结构，重点考察了《中庸》所包含的道德哲学、形上之学与情感的关系。特别强调已发未发都是情，将情分为道德情感与感性情感两种，重点突出《中庸》的形上学是一种情感形上学，认为"天命之性与道德情感具有本质的同

一性，道德情感是天命之性或道德本体之本质内涵、呈现方式和内在动力"。}

论文类

14. 陈来：《〈中庸〉的地位、影响与诠释》，载《东岳论丛》2018年第11期。{该文详细梳理了《中庸》一书在先秦、汉唐与宋明时期的流传与研究情况，认为《中庸》的诠释史大致经历了德行论、为政论、性情功夫论和道统论四个阶段。对于我们理解《中庸》的文本流传状况与诠释发展历程具有很大价值。}

15. 方朝晖：《〈中庸〉是关于中庸的吗?》，载《孔子研究》2021年第5期。{该文反对以"中庸"作为《中庸》一书的宗旨，认为《中庸》一书层次分明，呈现出以修身为本、以至德为归的逻辑线索，通过立身修德可以将全书更好地贯通起来。同时，该文也对中庸的词义重新做了探讨，认为中庸之中实际上包含未发之中与已发之中两个方面，指中乎道；所谓未发之中，并非指寂然不动，实际上是指循道而行。}

16. 孟琢：《礼乐文明的根基重建:〈中庸〉主旨新探》，载《哲学研究》2023年第12期。{该文将《中庸》置于礼崩乐坏的文明危机这一背景下考察，认为子思通过对"性与天道"的创造性阐发，为礼乐文明重建哲学根基。同时通过"训诂通义理"的诠释路径，认为穆、中、静、禘等概念分别是理解《中庸》天道、人性与礼乐的关键词。进而认为中国哲学的特质体现为哲学根基与文明传统的契合，并将之视为把握《中庸》义理统一性的关键所在。}

17. 郑开：《试论〈中庸〉的"诚"》，见张伟主编：《中道:

中大哲学评论》第1辑《心性与中道》，商务印书馆2022年版。{该文集中讨论了《中庸》的核心概念——诚，认为诚具有复杂的意义结构，包含了真实感、真切的精神体验和知觉状态等诸多层面的含义。同时，将诚与礼联系起来，认为诚的观念脱胎于礼这一文化母体。并主张将诚置于心性论、精神哲学与境界形而上学的脉络中进行把握和理解。}

18.〔日〕佐藤将之:《"建构体系"与"文献解构"之间:近代日本学者之〈中庸〉思想研究》，载《政大中文学报》2011年第16期。{本文详细梳理了日本汉学在1867年至2010年这140多年在《中庸》文本与思想研究方面的特质与贡献，深刻揭示了其中的问题意识、研究方法及研究成果。对于我们了解《中庸》在日本的研究状况具有很大助益，能够拓宽和丰富我们对于《中庸》文本及思想的认识。}

后　记

　　本书是在多年研究《中庸》及大量阅读前人成果基础上完成的。因我曾多年从事有关《中庸》的教学，经常遇到《中庸》核心概念怎么理解的问题（有些概念目前学界存在较大争议），我也发表个别论文讨论过其中部分问题。这些都是我愿意接手此书写作的重要原因。

　　回想起当初和出版社承诺写作此书时，为了保证水平和质量，我花了近一年时间认真阅读前人成果。当时并未想到跟学生或其他任何人合作，得自己准备。其中阅读比较多的是清人研究成果，包括毛奇龄及其弟子（包括毛远宗、毛文辉、章大来等）、王念孙、戴震、钱大昕等等，同时也花时间阅读了卫湜《礼记集说》等所代表的宋代及以前成果。毛奇龄及其弟子群体的成果主要见于其多部自著及杭世骏编纂的《续礼记集说》。此外，我也对日韩学者如伊藤仁斋、荻生徂徕、权近等不少学者的成果作了初步研读。同时，围绕着有关《中庸》的争论，我阅读了欧阳修、王柏以来，特别是清代一批学者（叶酉、袁枚、姚际恒、翟灏等等），现代学者钱穆、徐复观、冯友兰、武内义雄、岛森哲男，以及当代多位学者在内的研究成果，作了专题式整理。在这一过程中，我围绕有关《中庸》的疑点、结构、宗旨、概念等撰写了10万多字的读书笔记，并充分吸收前人成果对全书初步进行了逐字逐句的注释工作，撰写了一个全书注释初稿。后来我又在此基础上撰写了四五万字的导论等，作为统领全书的指导思路。

准备到后期，出于进度考虑，我请博士生闫林伟跟我一起完成正式撰写工作。闫林伟在我前期工作的基础上，进一步搜集、研读了日本、韩国以及欧美的一批《中庸》研究成果，在我的思路框架及注释笔记等基础上，加入自己的理解，完成了本书主体即注解部分的撰写工作。我和闫林伟之间是这样分工的：导论由我撰写（但其中第6、7节即"历史影响"和"海外流传"部分由闫林伟撰写）；本书附录一由我和闫林伟共同完成，附录二由我提供；其他本书大部分文字，包括注解、附录三（"现实意义"）、"延伸阅读"部分均由闫林伟撰写。总之，本书导论"怎样读《中庸》?"之外的内容主要由闫林伟撰写。闫林伟的注释和解说，既采纳了我的注解笔记等，也有不少自己的研究心得。总之，闫林伟为此书写作也花费了不少功夫和心思。当然，在动笔之前以及书写过程中，我们也曾就其中的书写思路和注意问题交流过多次意见，并根据导论来统一译注、解说的内容和风格。

撰写这样一部《中庸》的现代注释本，我最大的顾虑是，如何写出一部能够超越前人的、真正有价值的新注解来。其中有两个重要因素是我们不得不面对的：一是，朱熹的《中庸章句》流行数百年，至今仍处垄断地位；二是，《中庸》的各种现当代注解、译注、解说不胜其多。要超越前人，真正做出新意来，就必须充分吸收宋代以来的最新研究成果，包括东亚和欧美成果，不能再停留在朱熹的《中庸章句》上了。这是我们写作之前花许多精力搜集、整理前人成果的主要原因。

本书在写作过程中，试图建立一套与流行观点不同的、对于《中庸》的独特理解。这既体现在对全书宗旨、结构的理解上，也体现在对若干重要概念如中庸、慎独、中和等的解读上。我自认为在这些重要方面均提出了与学界流行观点非常不同的新看法。这套理解在导论中集中呈现。在写作过程中，我们力图找出前后各章节内在的关联，以提醒读者将全书融会贯通。我们希望这方面也可以展现本书的一点新意。

最后需要说明的是，本书是面向大众的普及性读物，因此在体例上不像学术著作那么严肃，一一注明出处。倘若那么做，对大众有"掉书袋"之嫌，会影响到阅读的流畅体验。尽管如此，本书的立论不是天马行空式地肆意发挥，而是在充分尊重学术传统和前人研究成果的基础上择善而从（本书在注释过程中主要参考了郑玄、孔颖达、朱熹、杭世骏、戴震、毛奇龄、王引之，以及部分日韩学者如伊藤仁斋、荻生徂徕、东条一堂、丁若镛的观点），并融入自己的理解后，以符合现代人的思维方式和语言风格转化的结果。

尽管本书在书写时，力求通俗易懂，但仍有未尽如人意之处。尤其是导论部分，因为涉及一些核心概念的重新解释，学界分歧甚大，理论问题甚多，我还是不由自主地花不少笔墨进行了学术论证。我也知道，太多的学术论证、考辨只会让大众读者厌烦，但还是无法向读者彻底"投降"，放弃自己多年习惯的分析方

〔南宋〕佚名绘《孔门弟子像》，左起首行第2位为子思

大家读《中庸》

式。不管读者如何感觉，我希望这样的学理分析和考辨，至少有利于愿意进一步提升自己学术水平的读者从中受益。实在大家不满意，我只能计划再版时删改成大众读者喜欢的风格了。

本书付梓后，难免会发现疏漏和错误，如果读者朋友在阅读过程中遇到问题，请不吝赐教！

2024年3月26日于北京